移动互联网
对企业核心能力影响研究

以知识密集型服务业中小企业为例

付涛 著

经济管理出版社
ECONOMY & MANAGEMENT PUBLISHING HOUSE

图书在版编目（CIP）数据

移动互联网对企业核心能力影响研究/付涛著 . —北京：经济管理出版社，2020. 8
ISBN 978-7-5096-7337-9

I. ①移… Ⅱ. ①付… Ⅲ. ①移动通信—通信技术—影响—企业管理—研究 Ⅳ. ①F270

中国版本图书馆 CIP 数据核字（2020）第 146644 号

组稿编辑：陆雅丽
责任编辑：陆雅丽
责任印制：黄章平
责任校对：张晓燕

出版发行：经济管理出版社
　　　　　（北京市海淀区北蜂窝 8 号中雅大厦 A 座 11 层　100038）
网　　　址：www. E-mp. com. cn
电　　　话：（010）51915602
印　　　刷：三河市延风印装有限公司
经　　　销：新华书店
开　　　本：720mm×1000mm/16
印　　　张：11. 75
字　　　数：174 千字
版　　　次：2020 年 9 月第 1 版　2020 年 9 月第 1 次印刷
书　　　号：ISBN 978-7-5096-7337-9
定　　　价：78. 00 元

目　录

第一章　绪　论

一、研究背景

通过文献回顾可以发现，大部分学者认为企业能力是企业竞争优势的来源之一，虽然不同的学者从不同的视角出发，对企业能力的研究维度不尽相同，但是从研究的发展趋势上看，对企业能力的研究已经从单一的企业内部的资源、技术的角度扩展为将外部环境纳入企业能力研究体系进行动态的能力研究。正如 Lippman 和 Rumelt（2003）的观点，研究企业能力也应该包括能力要素所处的系统，即能力要素运行机制的研究。从各学者的研究结果来看，无论是只从企业内部进行研究，还是将外部环境统一纳入进行动态研究，无论对企业能力的研究维度、层次如何划分，研究的目的均是通过企业内外部要素的整合以保持企业具备竞争优势，以适应环境的变化。

经过近30年的发展，我国已经成为当之无愧的互联网应用大国。截至2019年6月，中国网民的规模达到8.54亿人，特别是2014年我国的4G网络开始大范围推广应用，2015年5月国务院印发《关于加快高速宽带网络建设推进网络提速降费的指导意见》，三大运营商推出了各种措施，对提速3G/4G网络使用率起到了良好的促进作用，我国移动互联网得到飞速发展，网民使用手机上网的比例达到99.1%，仅2019年上半年，移动互联网接入流量消费达 553.9 亿 GB（2016 年全年仅 93.8 亿 GB）。各种统计数据表明，中国已经开始进入移动互联网时代，无线接入方式正在成为接入互联网的主流方式，手机等移动设备因其价格低廉、使用方便等特性，已经成为访问网络的主要设备。

互联网作为信息与企业管理技术的最佳结合对当代社会的影响是全方位的，对于企业，信息化作为促进企业管理和业务发展的有效手段已经成为企业的共识。随着移动互联网应用的普及以及云计算等技术的发展，让企业利用信息技术的成本及进入门槛大幅度降低，为中小企业利用信息技术奠定了基础，同时移动互联网相较桌面互联网表现出的新特性，如终端的移动性，对信息获取、处理、分享、传递的便利性，能够提供基于位置的服务等都会对企业利用信息技术及使用互联网的方式、方法带来巨大的影响，企业在获得互联网红利带来的飞速发展机会的同时，也让企业面对无边界的信息流和无边界的管理及更加激烈的竞争环境。

移动互联网的普及推广及大范围的应用这一企业外部环境的改变，必将改变企业的外部要素及内部要素，正如肖静华（2015）所提，传统企业在能力和资源上都难以与互联网环境相匹配，需要企业适应环境的改变而提升自身利用新技术的能力。企业外部网络环境的变化必将带来新一轮的企业能力改变、演化的进程。而企业想要在激烈的竞争环境中脱颖而出，就必须顺应大发展的趋势，采取积极策略来应对外部日趋激烈的市场竞争，为了适应移动互联网技术发展带来的变化，企业各方面的能力也必然会发生相应的改变。

然而，有两组数据值得关注：一是根据工信部的数据显示，我国中小企业在财务管理、业务管理、宣传、库存及客户关系管理 5 个领域的信息化渗透率超过 40%。中小企业利用信息技术与互联网的深度及广度仍然较低。二是根据中国电信统计计算的数据显示，在 9：00~20：00，手机网民使用 APP 时长最高为即时通信类与社交类 APP，且使用时段分布较为均匀。这说明中小企业在工作中已经广泛应用移动互联网进行沟通交流。一方面中小企业信息化渗透率较低，另一方面工作中人们普遍使用移动互联网进行沟通交流。

此现象在一定程度上可以看出，移动互联网已经渗透到企业的日常运营管理中，但还没有体系化地应用基于移动互联网的管理信息系统。笔者通过文献查阅也发现，理论界虽有学者从移动互联网特性的角度对其与传统互联网进行比较研究，也有学者对互联网对企业能力的影响进行探讨，但对于移动互联网如何影响及改变企业管理方式方法、企业能力等方面问题还没有进行系统深入的探讨。从客观现实来看，企业的各种能力都会因外部环境的改变而处在不断变化的过程中，企业需要具备适应自身特点及外部环境的相关能力才能抓住新技术带来的发展机会，让企业处于竞争的优势地位，当今的信息环境正在影响及改变着传统企业各方面的能力，因此，有必要深入研究移动互联网对企业核心能力产生影响及改变的过程与内在机理。

二、研究目的与意义

通过前文研究背景的简要分析可以看出，移动互联网呈现出高速发展的趋势，企业的外部生存环境变化越来越快，为了在激烈的竞争中保持优势，企业需要适应外部信息环境的改变并充分利用信息技术提升企业的核心能力。综合有关移动互联网及企业能力的研究文献可以发现有三个问题非常值得探究：一是企业面对的外部网络环境从桌面互联网转变为移动互联网后，带来哪些方面的新的网络特性会对企业能力产生影响；二是在移动互联网环境下，企业的哪些核心能力会受到较大的影响与改变；三是移动互联网对企业能力产生影响的作用机制，即影响路径的研究。因此，本书的研究目的是试图建立移动互联网对企业能力的作用机制模型，通过实证研究来回答这些问题，搞清楚移动互联网如何影响和改变企业的核心能力，以及移动互联网影响和改变企业核心能力的过程与内在机理。但是介于移动互联网对企业管理、对企业能力产生影响的实证研究还较少，可以借鉴的经验不多，因此，本书选择企业要素结构较为简单，企业运作各个环节通过知识进行贯穿的知识密集型服务业（Knowledge-intensive Business Service，KIBS）中小企业为研究的切入对象，运用科学规范的研究方法探讨并实证检验移动互联网与企业能力两者之间的影响关系，进而丰富移动互联网对企业能力影响的基础理论，也为KIBS 中小企业在移动互联网环境下提升企业能力提供可靠的理论依据。

本书研究的具体问题包括三个方面：首先，移动互联网对企业能力产生影响的关键因素。移动互联网作为近年来高速发展并普及的新信息技术，与传统的互联网相比较，即有基于信息科学领域的技术创新，也有基于经济学、管理学领域的应用创新。但是，对于移动互联网在企业能力方面的影响因素，目前缺乏定论，本书研究的具体问题之一就是通过文献回顾、专家访谈及问卷调查的形式，解决移动互联网的哪些关键因素会对企业能力产生影响，从而为构建本书的理论模型奠定基础。其次，受移动互联网影响的 KIBS 中小企业核心能力。对于企业能力而言，从不同的视角出发，对企业能力的研究维度不尽相同，但是无论各学者从什么视角来研究企业能力最终的落脚点都是要提升企业的核心竞争力，让企业能够在快速变化的外部环境中适应环境的改变。本书研究的第二个问题在于确定通过分析企业能力的相关理论及 KIBS 中小企业的特点，从企业能力视角出发确定在移动互联网环境下，外部信息环境具体会影响企业的哪些核心能力。最后，构建移动互联网对 KIBS 中小企业能力提升的影响因素模型。构建移动互联网对 KIBS 中小企业能力提升的影响因素模型，并运用实证方法对模型进行验证，从而探明移动互联网对 KIBS 中小企业能力提升的作用机制。

本书研究的主要意义体现在以下四个方面：从理论上看，进一步明确了移动互联网对 KIBS 中小企业核心能力影响的途径、范围及影响的作用，形成了理论支撑。从企业角度来看，从根本上找到了移动互联网影响企业能力的规律，便于企业利用移动互联网提升企业的核心能力。从移动互联网的角度来看，系统全面地找到移动互联网相较于传统的桌面互联网对企业管理产生影响的相关特性。通过研究发现在移动互联网环境下，对于 KIBS 中小企业，受外部环境改变影响最大的企业能力在哪些方面，为企业提升自身的企业能力及政府进行决策提供了参考。

此外，也希望本书的研究思路、研究方法及构建的指标体系能够作为进一步研究移动互联网对其他类型企业能力产生影响的基础，本书构建的移动互联网维度的自变量应用到企业管理其他方面的研究。

三、研究方法与技术路线

本书主要采用的研究方法包括文献分析法、专家访谈法、问卷调研法、因子分析法及结构方程分析法。

（一）文献分析法

本书运用文献分析法形成对研究问题的初步认识与理论模型。首先，着眼于对管理信息系统、互联网与移动互联网、企业能力、KIBS 中小企业等领域的研究，从各国期刊、著作、会议论文、博士论文等数据库中选取了大量的文献进行阅读与总结，梳理出已有研究的研究脉络，评析其研究的理论缺口，确定本书研究的切入点。通过文献分析，本书找到了移动互联网与桌面互联网相比的 12 个特征，从而发现移动互联网维度的研究入口。其次，梳理已有文献对 KIBS 中小企业能力的研究，找到 KIBS 中小企业的核心能力，通过文献梳理将企业能力与 KIBS 的核心业务过程相结合，找到了 KIBS 企业的三大核心能力，即管理沟通能力、知识吸收能力及决策能力。最后，在已有研究的基础上提出了研究假设，构建了本书的理论模型。

（二）专家访谈法

通过文献分析发现，虽然已有很多对移动互联网的研究，但是涉及移动互联网如何影响企业管理、企业能力的研究还很缺乏，特别是定量的实证研究，针对移动互联网的研究主要集中在移动互联网环境下的商业模式创新研究。因此，仅仅采用文献分析法来确定移动互联网维度的研究要素还不足以支撑本书研究。本书在研究过程中采用专家访谈法，与信息技术、企业管理方面的专家进行访谈，以确定移动互联网对企业管理、企业能力可能产生影响的因素。此外，在制作调查问卷的过程中，因为移动互联网方面的实证研究缺乏，移动互联网维度的测试量表需要从头制作。管理沟通能力、知识吸收能力及决策能力的量表虽然参考了成熟量表，但也需要针对本书研究进行修改。因此，也参考了多位相关研究领域的专家意见，最终形成了本书研究的初始调查问卷。

（三）问卷调研法

本书一共进行过三次问卷调研。首先是确定移动互联网对企业管理、企业能力产生影响的因素。由于缺乏移动互联网对企业管理、企业能力产生影响的实证研究，因此，在文献分析及专家访谈的基础上，制作了一份调查问卷，采用面谈的形式针对信息技术与企业管理的专家进行了问卷调研，通过问卷调研最终确定了移动互联网可能对企业能力产生影响的七个因素。此外，由于本书进行大规模问卷调研的问卷很多测量题项是第一次采用，因此，在研究过程中进行了一次预调研，通过与参与预调研的被调研对象的交流及预调研结果，修改了初始调查问卷，形成了大样本调研的最终问卷。最终的问卷调研，借助针对中小企业进行的高层管理人员培训班培训的机会，以书面形式向被调查者收集了关于移动互联网、管理沟通能力、知识吸收能力及决策能力关系的数据，借此获得的数据信息，对本书的理论模型进行了实证检验。

（四）因子分析法

本书在确定移动互联网研究维度的过程中利用问卷调研的数据，采用探索性因子分析方法，对移动互联网的七个特征进行了降维处理。在最终调研的预调研过程中利用探索性因子分析及验证性因子分析的方法，构建最终调研的研究量表，为问卷调查打好基础。在大样本问卷调研的基础上对问卷数据进行处理，利用描述性统计分析、因子分析、信度效度等方法对样本数据的统计学特征和信度效度进行分析，以确保调研数据适合做进一步的结构方程建模分析，以提高研究结论的可信性与说服力。

（五）结构方程分析法

通过构建基于调研数据结构方程模型对理论模型展开实证数据验证，以检验各变量间的相关性，并对研究假设逐一检验。此阶段主要借助 SPSS、Amos 等统计软件对问卷调查收集的数据进行统计分析与处理，并对相关分析结果展开讨论，以验证移动互联网是如何影响知识密集型服务业中小企业能力的，以及研究移动互联网的便利性因素的中介作用。

（六）技术路线

本书的技术路线如图 1-1 所示：

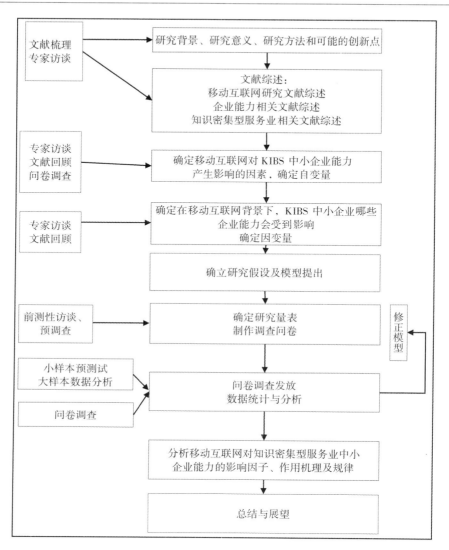

图 1-1　本书研究技术路线

四、研究内容与框架

本书共七章，每章的主要内容如下：

第一章：绪论。主要阐述研究的背景、目的及研究意义，提出研究的具体内容：在移动互联网环境下，移动互联网的信息因素是如何影响 KIBS 中小企业能力的，研究移动互联网的哪些因素会对 KIBS 中小企业能力产生影响以及在移动互联网环境下，KIBS 中小企业的哪些核心能力会受到移动互联网的影响。此外，还介绍本书的研究方法、技术路线与研究框架。

第二章：文献综述。主要对企业能力及企业核心能力、知识密集型服务业企业及移动互联网维度三个方面对现有研究文献进行回顾与分析总结。通过文献回顾发现企业能力是企业竞争力的重要来源之一，企业能力的提升，可以让企业竞争力提升；通过回顾 KIBS 企业的概念、分类、定义及学者对其特性的研究，基于信息因素改变的视角来分析 KIBS 企业的核心能力的特性；最后，总结出基于移动互联网和传统的管理信息系统对企业影响的关键因素均为信息流。同时，总结出前人对移动互联网与传统桌面互联网相比较所具备的 12 个特征。为后续章节的研究奠定了相关基础。

第三章：知识密集型服务业中小企业核心能力维度研究。在文献回顾的基础上通过 KIBS 企业的核心业务运作过程，结合 KIBS 中小企业的特点、核心业务运作过程对 KIBS 企业的核心能力进行定义，并找出企业核心能力方面的三个维度，分别为 Y1——管理沟通能力、Y2——知识吸收能力及 Y3——管理决策能力。为后续章节确定研究假设及构建理论模型奠定了相应的基础。

第四章：移动互联网对企业能力影响因素分析。在第二章文献回顾总结出移动互联网与传统桌面互联网相较所具备的 12 个特征的基础上，对 43 位管理学、信息技术方面的专家及企业高层管理人员的面谈及问卷调查，通过访谈及对问卷的数据分析确定了 7 个移动互联网对企业能力产生影响的维度。为了探索这 7 个维度的相关性及共同特征，进行了探索性因子分析（EFA）找到了 3 个主成分，分别为移动互联网的时空因素，能够提供基于位置信息的服务及信息的获取、传递及业务使用的便利性。由此，确定研究移动互联网方向的自变量分别为 X1——时空因素；X2——便利性；X3——基于位置的服务（LBS）。本章的研究确定了本书移动互联网方向的研究维度及自变量，为后续研究打下了基础。

第五章：研究假设与理论模型。具体提出移动互联网对 KIBS 中小企业核心能力及移动互联网各因素之间相互影响的假设。初步形成了移动互联网时空因素、便利性、LBS 特性与管理沟通能力、知识吸收能力及决策能力之间相互影响管理的理论框架，并基于所形成的研究假设构建了概念模型。同时，对企业管理沟通能力、知识吸收能力及决策能力进行了维度划分。根据研究假设和变量的维度划分形成理论模型，为后续章节的实证研究打下基础。

第六章：实证研究。实证研究设计部分，首先介绍了实证研究的对象及调研方案；其次介绍了实证研究所采用的方法；最后对实证研究问卷设计过程进行了介绍，包括初始量表的设计、问卷预测试及最终问卷的形成过程。实证数据分析部分，详细介绍实证研发的分析过程，包括数据调研情况、样本特征、数据的信效度校验情况以及实证模型的分析及修正过程。实证研究结果讨论部分，在实证数据分析的基础上，对实证分析的结果进行了详细的讨论。

第七章：结论与展望。对主要研究结论、理论与实践贡献进行了总结，并对研究的局限性及未来可行的研究进行展望。

第二章　文献综述

企业能力理论发展的基础为企业内在成长理论，大部分学者的观点认为企业能力是企业竞争优势重要来源，Prahalad 和 Hammer（1990）提出，企业的长期竞争优势来源于比竞争对手能够更加快速且低成本地建立起核心能力体系。因此，提高企业核心竞争力的重要手段之一，就是提高企业的核心能力。早在 1938 年，Barnard 就提出了组织的三要素，即信息传递、协同意志及共同目的；Elise 和 David（1994）也通过研究指出，信息技术是影响组织结构、组织设计及组织能力的最重要因素。信息因素无疑是对企业核心能力具有重要影响的因素之一。

2008 年 12 月 31 日，随着中国 3G 移动网络牌照的发放，一种新的互联网接入方式开始进入中国人的生活，特别是 2014 年后，4G 网络在中国完成部署，2015 年 5 月国务院印发《关于加快高速宽带网络建设推进网络提速降费的指导意见》，三大运营商推出了各种措施让中国的移动互联网进入了高速发展时期。截至 2019 年 6 月，中国网民规模达到 8.54 亿人，网民使用手机上网的比例达到 99.1%，仅 2019 年上半年，移动互联网接入流量消费达 553.9 亿 GB（2016 年全年仅 93.8 亿 GB）。而且新增网民中有超过八成为移动互联网用户。Morgan Stanley（2009）将信息技术领域划分为大型机、小型机、个人电脑、桌面互联网时代及移动互联网时代五个技术发展时期。无疑，目前的中国已经进入了移动互联网时代。那么，在移动互联网时代企业所面临的信息因素与桌面互联网时代相比较有哪些不同？移动互联网时代的信息因素具备什么样的特点？这些不同及特点会对企业能力产生怎样的影响以及如何对企业能力产生影响？移动互联网时代的企业应当如何运用移动互联网带来的技术优势提升自身能力进而保持竞争优势？这些问题都是研究移动互联网信息因素对企业核心能力影响的关键性问题，本书首先回顾各国学者在相关方面所做的研究，找出本书可以借鉴之处与研究成果的不足，进而为本书的研究奠定基础并整理出研究方向。

此外，对于研究移动互联网与企业核心能力的关系，按照从特殊到普遍的研究规律，本书选取一个典型行业进行实证研究与剖析，由于企业核心能力涉及企业整个价值链及企业的完整经营过程，因素众多，而知识密集型服务业，企业价值链及经营过程主要为知识的流转与再创造，因素单一，便于对研究进行控制，所以本书选取了知识密集型服务业作为研究对象。那么对于知识密集型服务业，其特点是什么？应当具备哪些能力？哪些能力是其核心能力？也是研究所需要回答的相关问题，因此，也将回顾学者对知识密集型服务业及其企业能力与企业核心能力方面的相关研究。

一、企业能力文献综述

本节内容是对企业核心能力研究文献的回顾与简评，目的在于全面掌握国内外在该领域的研究现状与主要观点，以便找准研究的切入点。

（一）企业能力与企业竞争力的关系

通过文献回顾可以发现，大部分学者认为企业能力是企业竞争优势的来源之一，但本书研究的移动互联网对企业核心能力的影响是否等同于移动互联网对企业核心竞争力的影响？下面将通过文献综述的形式对企业能力与企业竞争力的关系进行论述。

企业能力的相关理论出现于 20 世纪 80 年代，其源头是古典经济学家

Smith（1776）所提出的劳动分工理论。企业能力理论提出的主要目的在于分析与研究企业与外部环境之间的适应方式并获得长期竞争优势的相关途径。按照学者对企业能力研究的先后顺序，企业能力理论经历了四个发展过程，分别是基础资源理论、企业核心能力理论、企业知识理论及企业动态能力理论，其代表学者及相关特点如表2-1所示。通过回顾学者的研究可以发现，虽然企业能力理论在不断变化，但是其共同强调了资源及企业内部条件对于企业保持竞争优势的重要性，核心能力理论及知识基础理论对企业资源的概念进一步扩展，突出非物质知识资源的重要性，动态能力理论更进一步突出了企业适应外部环境改变的重要性。

表2-1　企业能力理论分支

分类	特点	代表人物
资源基础论	强调通过企业内部的资源积累与配置来创造竞争优势	Wernerfelt（1984），Barney（1986），Dierickx & Cool（1989），Peteraf（1993）
核心能力论	强调核心能力是组织中的积累性学识，随着知识的开发、利用等过程不断变化，协调企业的生产技能及整合各种技术，目的在于获得并保持竞争优势	Prahalad & Harmal（1990），Barton（1992），Foss（1992）
知识基础论	企业核心能力的基础在于企业所具备的知识尤其是隐形知识，核心能力是企业独具的并能够为企业带来竞争优势的知识体系。企业要从增进当前的知识效用和获取未来知识的角度出发更新知识，保持竞争优势	Kogut & Zander（1992，1993），Spender（1996）
动态能力论	企业需要根据环境的动态变化更新自身能力，这是能够适应外部环境变化的能力	Teece et al.（1997），Zollo & Winter（2002），Zoot（2002）

企业能力理论的研究目的在于让企业保持长期的竞争优势，通过学者的研究发现，企业竞争优势的重要来源正是企业能力。企业能力理论与企业竞争力理论两种理论的发展过程有着相互影响、共同发展的特性，因此，很多学者会将企业能力与企业竞争力等同起来。例如张笑楠等（2011）提出了企

业能力与企业竞争力动态关系模型，从数量、影响因素及特点三个方面对两者进行了清晰的界定。研究表明，企业能力是企业内部持续而稳定的综合能力，当企业参与到市场竞争中时，企业能力就会转化为企业的竞争力，给企业带来竞争优势。

通过学者对企业能力与企业核心竞争力的研究文献回顾可知，企业能力是企业竞争力的重要来源之一，提高企业能力可以让企业保持竞争优势并获得持续的竞争能力，但是企业能力并不等同于企业的竞争力。企业能力的影响因素更多的是企业的内部因素，更强调企业内部所具备的持续而稳定的综合能力，而竞争力的影响因素要复杂得多。外部环境偶发性因素会影响竞争力，但是影响企业能力的因素一定会影响企业的竞争力。正因为如此，本书的研究对象选取了企业能力，这样可以排除企业外部的偶发性因素对研究的干扰，研究成果也可以运用于企业竞争力的提升。

（二）企业能力的定义与分类

通过文献回顾发现，虽然各国学者从不同的视角在研究企业能力，但是正如 Helfat 和 Peteraf（2009）、Felin 等（2012）、邹炎等（2010）、杨海兰等（2015）等学者所述，目前企业能力的概念界定、分类上均未形成统一的认识。分析原因在于从不同的视角来研究不同类型的组织及企业，其所需要研究的企业能力是不同的（见表 2-2）。

表 2-2 不同学者对企业能力定义

特点	代表学者
生产能力、影响能力和管理技能，是内部组织起来的物质和人的能力集合	钱德勒（1990）
不仅指资源的整合，还包括资源与人、人与人之间的相互协调的能力结合	福斯（1998）
以整合的方式，通过组织活动来实现资源配置以达到企业预期目标的能力	张钢（2000）
企业资源的优化整合以实现企业目的能力	张笑楠（2013）

以上学者对企业能力的定义有一个共同点，就是强调对企业内部资源的

整合，资源包括物质资源与非物质资源，同时，学者对企业能力在企业协调运转和绩效提高方面发挥着关键性作用，良好的企业能力不仅可以优化企业的资源配置、提高企业的工作效率、为企业带来持续增长，而且能以最高效的方式满足市场和客户的需求。

在对企业能力分类方面，目前的研究同样没有统一的观点，邹炎等（2010）从动态演化的角度来分析企业能力的划分，认为企业的能力体系分为基础能力、功能能力和演化能力三种类型（见表2-3）。

表2-3　动态演化视角企业能力划分

划分	定义	具体能力
基础能力	实现正常运营所需的基本支撑能力	财务能力、人力资源能力、组织能力、学习能力
功能能力	从外部探讨企业的整体活动所需要具备的能力	生产能力、研发和价值实现能力
演化能力	在动态的环境中完成新能力构建的能力	调整企业能力的能力

杨海兰等（2015）对各国学者对企业能力研究进行总结，提出对企业能力进行分类应利用企业战略理论进行分析，他选取了战略重要性、聚合层次以及企业边界三个维度来衡量企业能力，并归纳出了企业的能力分类，如表2-4所示。

表2-4　杨海兰等（2015）的企业能力分类

类别	代表性概念	战略重要性	聚合层次	企业边界
第一类：操作流程能力	流程、管理、资源配置、无形资产	不具竞争性	对资源的直接管理	内部焦点内部资源
第二类：功能性能力	具体能力、综合性能力、特定领域能力	不具竞争性	对资源和流程的整合管理	混合焦点内部资源

类别	代表性概念	战略重要性	聚合层次	企业边界
第三类：业务层能力	核心竞争力、核心能力	与企业战略紧密联系	对资源和流程的整合管理	混合焦点内部资源
第四类：高阶能力	动态能力	与战略变化紧密联系	对能力的管理	混合焦点混合资源
	间接能力、联盟能力	与公司或社会网络战略紧密联系	对能力的管理	混合焦点外部资源
	整合能力	与组织内部/系统或整体的发挥紧密联系	对能力的管理	内部焦点内部资源

而杜纲等（2001）对企业能力的划分标准则从刚性和柔性两个维度，资源与基础、业务与基础及市场与盈利三个层面对企业能力进行归类，如图 2-1 所示。

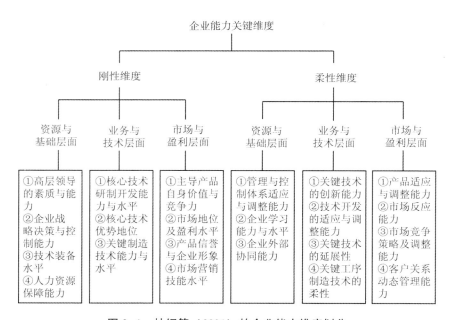

图 2-1　杜纲等（2001）的企业能力维度划分

资料来源：杜纲等. 企业能力的关键维度及其指标体系 [J]. 数量经济技术经济研究, 2001（11）: 63-65.

熊勇清（2006）从三个角度对企业能力进行类别划分：①从经营职能的角度划分，包括决策能力、管理能力、监督能力等；②从经营活动的标准划分，包括生产能力、供应能力、营销能力、财务能力等；③从经营过程中的重要性划分，主要分为核心能力和非核心能力。

Teece 等（1997）提出的企业动态能力分析框架包括组织程序，所处位置和演进路径，对相关测量维度因从分析框架中进行选择。陈耀年（2003）从系统学的角度将企业能力分为静态能力与动态能力，其中静态能力只考虑企业各子系统所具备的竞争能力，动态能力则是影响企业最直接的环境因素，如利益相关者、竞争者与消费者纳入企业能力系统。吴正刚（2004）对企业能力的测量体系分为知识生产体系、基础管理系统、组织创新体系、基础创新体系、协同博弈体系及价值实现体系。陈葵晞（2008）对企业能力进行量化评价研究，将企业能力划分为生产能力、风险能力、创新能力及扩张能力四个潜变量。苗成林等（2013）将企业能力按照系统的方式进行研究，划分为开发能力、能力扩张、能力整合、能力发挥、能力更新及能力评估 6 个要素。陈艳艳（2013）在研究网络位置、组织学习与 KIBS 企业能力的关系时，从能力的动态性维度出发，将 KIBS 企业的能力概括为研发能力、关系能力及客户响应能力 3 种。

通过文献回顾可知，对于企业能力的研究，虽然不同的学者从不同的视角出发对企业能力的研究维度不尽相同，但是从研究的发展趋势上看，已经从单一的企业内部的资源、技术的角度扩展为将外部环境的改变纳入企业能力研究体系，进行动态的能力研究。正如 Lippman 和 Rumelt（2003）的观点，研究企业能力需要研究企业能力所包含的相关要素。从各学者的研究结果来看，无论是只从企业内部进行研究，还是将外部环境统一纳入进行动态研究，无论对企业能力的研究维度、层次如何划分，研究的目的均是通过企业内外部要素的整合以保持企业具备竞争优势，以适应环境的变化。同时，在研究企业能力的过程中，很多学者都提出了核心能力这一概念，将在下文中对企业核心能力的研究进行回顾。

（三） 企业核心能力文献综述

对于企业核心能力，这一概念自 Prahalad 和 Hammer1990 年在《哈佛商业评论》上发表了《公司的核心能力》（The Core Competence of the Corporation）以来，企业界和学术界都掀起了一场企业核心能力的研究热潮。国内外学者关于企业核心能力的研究产生出一系列观点，如 Prahalad 和 Hammer（1990）的观点，企业短期的竞争优势可以来自产品的成本与品质，但是长期的竞争优势则来源于比竞争者快速且低成本的建立核心能力体系，而核心能力体系的建立在于企业提高组织学习能力以及可以将组织内个人能力内化为企业能力，他们将核心能力定义为"组织中的积累性学识，特别是关于如何协调不同生产技能和有机结合多种技能的学识"。又如 Erikson 和 Mikkelsen 认为，企业核心能力是组织资本和社会资本的有机结合，组织资本体现在组织内资源的协调与生产技术方面，社会资本体现在企业外部社会环境方面。吴价宝（2006）发表的专著《企业核心能力形成机理及应用研究》中，对企业核心能力的研究进行了全面的回顾，其总结出外国学者对于企业核心能力研究分为整合观、技能网络观、协调论、组合论、知识载体观、元件架构管、平台论、技术能力论、组织基础论及动态能力论 10 个方面。总体来看不同学者从不同的角度回答了企业核心能力是什么。

本书的研究主题为 KIBS 企业，对于核心能力的定义，应重点关注与 KIBS 企业相关的定义，通过文献回顾可以发现，关于知识，是众多研究企业核心能力的学者关注的焦点，比较具有代表性的如 Prahalad 和 Hamel（1990）关注的焦点就是知识的整合。Leonard-Barton（1992）的研究维度包括知识与技能、技能系统的价值和规范以及管理体系，其典型定义是让公司能够区别于其他竞争者提供竞争优势的知识群。Prahalad（1993）同样关注于知识的整合，其对核心能力的定义是企业的各种知识、与顾客有关的知识及对创造性有贡献的知识整合能力为企业的核心能力。Hamel（1994）及 Faulkner 和 Bowman（1995）强调企业核心能力是知识与企业技能的整合。

对于企业核心能力的特征，通过文献回顾，总结出如下几方面：

其一，价值的体现。对于企业，其存在的目的是为顾客提供产品和服务，一个企业只有提供的产品与服务能够得到顾客的普遍认同，企业才能生产与发展。因此，企业核心能力应该体现在能够为顾客提供根本性好处的能力，运营该能力可以提供企业效率，使企业创造的产品和服务质量高于竞争对手或者成本优于竞争对手。

其二，独特性。企业的核心能力是在企业长期成长过程中，逐渐培养和积累起来的，不同的企业，其发展过程、拥有的核心产品和能力不同。因此，企业的核心能力是与竞争对手相比具有独特性的，企业可以依靠这些具有独特性的能力，并且是其他企业无法仿制和学习的能力来使企业具有竞争优势。

其三，延伸性。企业核心能力的特征还体现在该能力具有延伸性，企业通过该能力，能够衍生出其他的新产品或者新服务。例如，一个依靠搜索引擎为核心能力的企业掌握了庞大的用户搜索信息后，就可以通过对数据的分析来拓展出广告推送、电子商务等新的业务。

其四，创新性。企业总是处于内外部环境均在快速的动态变化之中，企业核心能力价值的体现、独特性及延伸性只能代表企业过去所取得的成果，因此，企业的核心能力呈现出动态的变化性，企业核心能力的重要特征之一是其所拥有的核心能力必须不断地创新，包括技术创新、管理创新、观念创新等，只有保持企业与内外部环境变化的协调一致才能让企业所拥有的核心能力得到维持。

总体来说，企业核心能力与企业能力一样并没有一个明确的定义，但是通过对不同学者对企业核心能力的研究进行总结，从核心能力的定义及特征等方面来看，学者对于企业核心是企业保持竞争优势的关键性能力这一点是具有共识的。对于 KIBS 企业核心能力的定义，目前的研究没有相关学者给出明确定义，参照其他学者对企业能力的划分维度及对企业核心能力的研究，本书认为，可以用不同能力对于企业生产经营过程中的重要程度来区分核心能力，KIBS 企业的核心能力是对其经营过程起到重要作用，能够让企业保持竞争优势的能力。但 KIBS 企业的生产经营过程是一个复合的过程，不能用单一类型的能力标准来进行划分，因此将在后续章节结合 KIBS 企业的特性及生产经营过程继续分析 KIBS 企业需要适应移动互联网普及带来的外部环境改变所需要具备的核心能力。

（四）企业能力文献综述小结

本节回顾了各国学者对企业能力的相关研究，学者对企业能力达成了一点共识，企业能力是企业竞争力的重要来源之一，企业能力的提升可以让企业竞争力提升，同时，企业能力与企业竞争力相比，其影响因素更多地集中在企业内部，比企业竞争力更加稳定，企业能力不易受企业外部偶发性因素干扰。因此，本书的研究点选择了企业能力而非企业竞争力。

虽然对企业能力的研究及企业能力的相关理论形成从 20 世纪 80 年代就已经开始，但是由于从不同的研究视角出发以及研究的企业类型不同，企业能力的确切定义及分类在不同学者之间没有形成统一的认识。对于知识密集型服务业企业的企业能力定义及分类，目前也没有明确的研究结论。本书通过对企业能力的文献回顾，认为可以将知识密集型服务企业的企业能力按照其对生产经营过程中的重要程度划分为核心能力与非核心能力。其中，核心能力可以定义为企业生产经营过程中能够让企业保持竞争优势的关键性能力。对于知识密集型服务业应当具备哪些核心能力，将是本书研究的重要内容之一，下面将在对知识密集型服务业相关研究文献回顾的基础上对此展开相应的研究与讨论。

二、知识密集型服务业的文献综述

本节采用文献回顾的形式，在各国学者相关研究的基础上给出本书对

KIBS 企业的定义及分类。

（一）知识密集型服务业的概念

知识密集型服务业（Knowledge-Intensive Business Services，KIBS）的概念由 Miles 等学者于 1995 年首次提出，是指主要依赖于某一个专业领域所必须具备的专业性知识，向社会及用户提供以这些知识为基础的相关产品或者服务的组织或者企业。KIBS 企业的主要生产经营过程在于对知识的积累、创造以及传播。

Den（2000）提出的定义与 Miles 相近。Dathe 和 Schmid（2000）的界定则是从企业的创新能力和人力资源状况的角度出发，认为员工的教育水平以及创新水平要达到一定的比例才能确定为 KIBS 企业。Muller 和 Zenker（2001）把 KIBS 企业定义为一类广义的咨询顾问类企业，认为其提供的产品或服务具有高知识的附加值特性，典型特征是知识密集性、咨询功能性以及与客户的紧密互动性。Kemppil 和 MettSne（2004）的研究则将 KIBS 企业以三个特征进行定义：企业的主要投入为知识；企业服务依赖于专业的知识和能力；企业与客户之间需要进行新知识的生产、传播与扩散，因此双方需要具备高度的互动性。

我国学者在文献中出现的知识服务业、知识密集型服务业、知识密集型商务服务业等均与 Miles 提出的概念相同，因此，都可以等同于 KIBS 企业。本书通过比较各国学者的研究，认为 KIBS 企业概念有三个关键点：第一，是服务业企业，也就是说，KIBS 企业应当归属于第三产业，属于非物质生产企业。第二，具有高度知识含量的企业，企业生产要素主要为知识，而非体力劳动、运输服务、餐饮服务等。第三，企业的生产过程在于对知识的创造。

（二）知识密集型服务业的分类

对于知识密集型服务业的分类，由于其处于动态的发展过程中，而且 KIBS 企业主要是学术概念分类，而非各国统计口径上的行业分类，且出于服务业统计口径上的差异，很多学者的研究只能根据其研究内容和目的的不同及能够获得的相关数据来选取典型的行业进行分类研究。因此，各国学者对 KIBS 企业的行业分类相差较大，本书按研究年份归结如表 2-5 所示。

表 2-5　各国学者对 KIBS 企业的行业分类

学者（研究年份）	行业分类
Miles et al.（1995）	KIBS I：市场营销与广告服务、金融、保险、房地产业、管理咨询、法律服务、会计和出版业等 KIBS II：计算机与信息服务业、研发服务、技术服务、通信服务、软件服务业等
Hennelin（1997）	计算机与信息服务业、市场营销与广告服务、技术服务业、法律与专业服务、商业与管理咨询服务等
Kautonen（1998）	法律服务、金融管理咨询服务业、技术服务业、研发服务业、教育服务、计算机相关的服务业等
OECD（1999）	信息服务业、教育服务业、专业技术服务业、金融服务业和健康保健服务业
Tomlinson（2000）	计算机与信息服务业、市场营销与广告服务、法律服务、金融保险业、其他商业服务业
Toivonen（2000）	研发服务业、计算机与信息服务业、市场与广告服务、技术服务业、法律服务、管理咨询、培训服务、教育服务业、人力资源服务和其他商业服务业
Dathe，Schmid（2000）	市场营销与广告服务、研发服务业、技术服务业、法律服务、管理咨询、金融与保险业、工程服务、技术测试与分析服务、建筑服务等
Wemer（2001）	研发服务业、计算机与信息服务业、市场营销与广告服务、技术服务业、法律服务、管理咨询、工程服务、建筑服务、技术测试分析服务
金雪军（2002）	技术服务、咨询服务和电子商务服务
Eurostat（2003）	研发服务业、计算机与信息服务业、金融与保险业、培训服务、通信服务、其他商业服务业
Penttila（2003）	研发服务业、计算机与信息服务业、市场营销与广告服务、技术服务业、管理咨询、培训业
高汝熹（2004）	教育、咨询、医疗、设计、软件、文化传媒和广告、研究开发等产业

学者（研究年份）	行业分类
李红（2005）	广义：广告、金融、保险、法律服务、会计、建筑服务、物流、软件与其他相关计算机服务、工程技术服务和人力资源开发服务等 狭义：软件与网络服务、电信运营、多媒体产业、文化、教育、医疗服务、工程技术服务、环境服务
魏江（2006）	金融服务业、信息与通信类、科技服务业、商务服务业
王炳才（2007）	传统的专业服务：市场营销和广告宣传、业务培训、商业设计和策划、金融服务、管理咨询、法律服务和环境服务等 以新技术为基础的知识密集型服务：计算机网络、计算机服务、新技术培训、办公服务、新技术方面的管理咨询、技术工程、环境服务、研发咨询等
王静（2008）	以新技术为基础的知识密集型服务：计算机网络、计算机服务、新技术培训、办公服务、新技术方面的管理咨询、技术工程、环境服务、研发咨询等
曹勇（2008）	科学研究技术服务、租赁与商业服务、信息技术与计算机及软件服务
裴琪（2010）	交通运输、仓储和邮政业、计算机服务、软件业；科学研究、技术服务和地质勘探业；租赁和商务服务业；水利、环境和公共设施管理业；金融业；教育；文化、体育和娱乐业；公共管理和社会组织

（三）本书采用的知识密集型服务业的定义及分类

由上文的分析可知，学术界对于知识密集型服务业仍然没有形成统一的认识，需要从某一个或几个角度出发对知识密集型服务业加以简单的定义，对知识密集型服务业形成的前提条件和发展规律等问题进行了深入的研究。本书的研究目标是以知识密集型服务业为例，研究移动互联网对企业能力的影响，因此，在总结各国学者对知识密集型服务业研究的基础上对知识密集型服务业的定义为：在移动互联网普及与应用的时代背景下，运用信息化手段，以知识和信息为生产资料，其生产过程为对知识与信息进行加工与创新并对产生的新知识进行传播与应用的服务行业群，其产品价值体现在知识与信息的传播和产生新的知识产权上。本书研究的具体的行业细分为咨询服务、财会服务、知识产权服务、信息技术服务、金融服务、生产技术服务、工程设计服务、法律服务、教育行业、科研服务、文化交流行业，共计十一大行业。

（四）知识密集型服务业特性研究综述

由于KIBS具有知识密集度高、技术依赖性强等特点，KIBS具有与其他行业不同的特征，很多学者也对KIBS的特性进行了研究。李红（2005）对KIBS从资源要素禀赋、内在服务模式和外在服务功能上总结出如下八个特征：①蕴含密集的知识资产；②高素质驾驭知识资产的知识工作者；③高度依赖新技术；④提供知识服务的角色定位；⑤高交互性与网络学习；⑥高度创新；⑦强渗透性；⑧强辐射性。赵明霏（2013）从投入特征、生产特征、需求特征、布局特征、环境特征五个方面对知识型服务的特征进行了归纳和总结（见表2-6）。

表2-6　赵明霏（2013）的知识型服务业特征

序号	分类	具体特征
1	投入特征	高知识密集度和高素质的人力资本
2		高度依赖新技术
3		研发投入比例高
4	生产特征	高度创新性
5		高度互动性
6		高附加值性
7	需求特征	需求层次不断提高
8		需求的国际化程度不断提高
9	布局特征	集聚在少数国际性大城市和中心地区
10	环境特征	知识密集型服务业发展对知识产权保护具有更高的需求
11		知识密集型服务业发展对综合配套环境要求更高

卢静（2007）对 KIBS 的特点进行了总结和归纳，也有如下八大特征：①知识的主导性是知识型服务业产业最根本的特征；②知识型服务业乘数效应大；③具有很强的聚集性；④是重积累、重品牌效应的学习型组织；⑤专业化分工越来越细；⑥服务交互程度高；⑦组织样式多样化；⑧依赖于高素质的人才。

魏江（2007）、胡胜蓉（2007）、李霞（2007）、吴艳等（2007）给出的 KIBS 企业特点是高知识性、高技术性、高互动性、高创新性、高附加值性、强渗透与强辐射性。

三、移动互联网研究文献综述

（一）移动互联网对企业管理相关影响研究综述

通过文献回顾，下面分析学者在移动互联网对企业管理的影响方面所做的研究。

移动互联网产生的基础在于移动通信网络的介入，通过无线接入方式访问互联网，实现移动终端之间的数据交换主要由移动通信网络、便携式终端、互联网内容和依靠移动网络创新的商业模式构成，是计算机领域继大型机、小型机、个人电脑、桌面互联网之后的第五个技术发展时期（Morgan Stanley，2009）。移动互联网技术的飞速发展打破了传统信息传播的时空局限，彻底改变了以往信息传递的方式。碎片化、便携性、互动性、个性化和即时性等新特性不断展现（吴化民和吕廷杰，2014）。吕廷杰（2001）的研究表明，移动互联网的研究工作从 20 世纪 90 年代中期即已开始，学术界及管理者对移动互联网的定义主要有：①融合说。移动互联网是移动终端、移动网络和应用服务的三要素融合。②技术说。广义地，移动互联网是用户通过终端设备获取互联网服务的无线网络媒介；狭义地，移动互联网用户可以使用手机、平板电脑等移动终端，通过移动通信网络服务浏览手机网站或者互联网站，从而获取数据和信息服务。③相对论说。主要从移动互联网与传统桌面互联网的区别入手进行研究。

对于中国的移动互联网，真正的发展始于 2008 年后 3G 网络的普及，2014 年随着 4G 网络的普及，中国的移动互联网进入了高速发展的时期，据中国互联网信息中心的有关数据，截至 2017 年 6 月，中国网民规模为 7.51 亿人，互联网普及率达到 54.3%，网民数量稳居全球首位。移动电话 4G 用户达到 7.24 亿人，较 2016 年底又增加了 2830 万人（CNNIC，2017），仍旧保持高速增长。从数据上可以看出，中国已经进入了移动互联网时代。

对于移动互联网的研究，由于移动互联网涉及多学科交叉，同时涵盖范围又非常广泛，在技术领域涉及互联网、移动通信技术、无线网络、嵌入式系统技术等，在应用研究领域涉及企业管理、用户行为、营销、电子商务等方面。从各国的相关研究来看，移动互联网的研究对象分为移动终端、接入网络、应用服务和涉及以上层次的安全与隐私问题四个层次。对于移动互联网对企业管理的相关研究，主要涉及应用服务于安全与隐私两个层次。对于应用服务的研究则是用户行为的研究。Doerr（2011）首次提出了"SoLoMo"的概念，即社交、本地和移动（Social、Local、Mobile），这作为移动互联网的三大特征得到了广泛的认可。持 SoLoM 观点的人认为，移动互联网应用需要重视用户的体验与需求，才能激发用户在应用中的互动性与参与性，这就要精确地聚焦用户需求，为用户提供个性化、差异化的服务，最终实现用户价值的最大化。因此，研究移动互联网，首先要研究用户的行为。相关研究主要包括 Li 等（2012）揭示了移动流业务与传统流业务在设备软、硬件，视频特征和用户访问模式等方面的差异。Ghosh（2011）通过从大量公共 Wifi 上采集的实测数据，分析了不同商业模式下用户的流量行为特征。Shafiq 等（2012）通过同时从无线接入网络采集的位置信息和从核心网络采集的流量信息，研究了用户各类应用的使用情况。Keralapura 等（2010）研究了针对

3G 网络提出了一种基于新的沙漏模型的可扩展性用户行为聚类方法。还有关于 QoE（Quality of Experience）的相关研究，涉及学者包括 Menkovski（2009）、Liu（2006）、Chen（2009）、Shaikh（2010）等。此外，服务聚合研究、无线资源管理相关研究及开放服务架构与平台的研究等也属于应用层次的研究，但是由于与本书研究方向的企业管理关联不大，这些研究更多偏向技术层次，在此不再展开。

对于移动互联网在管理学领域的研究，由于随着移动互联网的普及，互联网的受众人群急剧扩大，互联网的应用范围更加全面，使用方式更加简便，意味着企业所面临的外部环境与传统的桌面互联网时代相比已经发生改变。马筠乔（2014）认为，移动互联网对传统企业造成了严重的冲击，主要体现在以决策为导向的管理模式将转变为以价值为导向的管理模式，同时，对企业人员管理、激励模式、供应链管理等方面均会带来巨大的改变。田丽娟（2015）的研究指出，移动互联网时代因生产者和消费者的界限被打破，使组织更贴近用户，市场和企业融为一体，导致企业的分工、组织层级、产品研发速度等都带来了很大的变化，需要扁平化的组织结构才能适应市场的需要。刘永宏（2012）指出，移动互联网时代要特别注重企业面对的无边界信息流和无边界管理。周学军（2015）通过实证研究得出结论，借助移动互联网的技术优势可以突破员工工作时空的限制，实现随时随地地进行开放、互动的管理活动。吴淑娥等（2015）通过研究指出，移动互联网催生的平台经济对传统企业具有提高企业竞争力、改变传统企业能力的促进作用。杨建春（2015）指出，移动互联网时代的企业在组织管理、管理理念、管理手段、管理方式等方面都将带来变革。李嘉嘉（2017）认为移动互联网技术的内在价值非常巨大，因此，相关的研究人员需要了解其现状并进行深入准确的研究，才能对移动互联网技术未来的发展趋势进行客观合理的评估和预测，以此解决移动互联网技术未来发展的阻碍。

此外，也有学者从其他角度对移动互联网进行研究，如蒋德嵩（2013）指出，移动互联网与传统桌面互联网的区别在于场景经济、移动支付及情感经济三个方面。王晓伟（2015）从产品研发的角度来研究移动互联网。杨水清（2012）、万飞（2015）、陈昌勇（2016）、陈思博（2016）、闫利雅（2014）、王军（2014）、段霄（2015）等从用户采纳因素、使用行为顾客价值等方面研究移动互联网。郭鸿雁（2013，2014）、刘颖（2015）重点研究了移动互联网的演进机制。更多的学者在研究移动互联网带来的企业商务模式的改变，在此不再一一列举。

　　企业要生存和发展，保持竞争力必须适应外部环境的变化，当企业所处的外部环境改变时，必须要改变自身。随着移动互联网时代的到来，移动互联网会对企业产生怎样的影响，带来怎样的机遇与挑战，企业管理、企业管理模式、企业能力等在移动互联网的环境下，需要做出怎样的改变才能适应当前外部环境的改变，以保持企业持续的竞争优势。从管理学视角出发来研究移动互联网，研究移动互联网会对企业管理产生什么样的影响成为管理学研究领域必须研究的问题。

　　然而，通过文献检索发现，随着移动互联网技术的高速发展，从 2012 年开始学术界同步展开了研究的热潮，管理学、经济学领域有大量的学者投入到移动互联网的研究中，且近年来呈现高速增长的趋势。但由于相关的研究刚刚起步，对移动互联网的研究还存在一些问题，我们对相关文章的研究内容进行详细查看后发现，对移动互联网的研究文章从研究方法上看，绝大部分为描述性文章，而通过实证方式对移动互联网进行研究的很少，从研究领域来看，研究商业模式的文章占据了绝大多数，而与企业管理相关的研究文献很少。

　　移动互联网在企业管理领域研究较少的原因：一是移动互联网在中国的大规模应用才刚刚起步，而移动互联网对企业影响最为直接的方面是商业模式的改变，基于新兴的移动互联网商业模式诞生了大量的新型互联网企业，传统企业必须向互联网企业转型，因此，目前的研究热点还在移动互联网环境下商业模式的创新。二是从企业管理的角度出发，移动互联网领域的很多基础研究工作还有待提升，可以借鉴的经验较少，如移动互联网与传统桌面互联网相比，在企业管理领域的异同点、基于移动互联网的企业管理信息系统所具备的特点及要素等，学术界还没有统一的定论，由于以上两点原因，也带来研究移动互联网对企业管理产生影响的实证数据不容易获取的客观现实。因此，虽然研究移动互联网会对企业管理产生什么样的影响是管理学领域必须研究的问题，但是相关研究还很缺乏，这一学术现状背景也是本书立论的重要依据。

通过移动互联网对企业管理产生影响的相关文献回顾，本书发现，虽然从技术角度来看，移动互联网是一项新兴的技术，在技术领域上与传统的桌面互联网相比具有突破性的改变，但是从管理学的角度来看，基于移动互联网的管理信息系统与传统的管理信息系统相比，又具有很大的继承性与延续性。许泽聘（2012）对移动互联网与传统桌面互联网进行了比较，认为移动互联网是传统的固定互联网与移动通信的结合，使移动互联网在网络、终端、产品形态以及商业模式等方面具有一系列新的特点。钟蔚（2013）的研究将桌面互联网与移动通信网络相结合，桌面互联网的移动化及移动通信网的互联网化就产生了移动互联网。移动互联网继承了桌面互联网的大部分特征，又因为其具有移动化的特征，由此衍生出了其独特的特性。

综上所述，研究移动互联网如何对企业管理产生影响，可以基于各国学者研究桌面互联网及依赖于桌面互联网的管理信息系统对企业管理产生的影响，以移动互联网的特点为突破口来展开。

（二）桌面互联网对企业管理影响研究综述

通过上一节的文献回顾，本书发现直接进行移动互联网对企业管理的研究较少，但是移动互联网是传统的桌面互联网在技术上的延续，研究移动互联网对 KIBS 中小企业核心能力产生的影响，可以学者研究的桌面互联网企业管理产生影响为基础。基于桌面互联网已经有了大量的研究成果可供借鉴。

在传统的桌面互联网对企业影响的研究方面，总结出主要具有以下几个方面：

（1）对行政费用的影响。按照科思的观点，市场与企业存在替代关系，也就是企业的行政管理费用与外部交易费用之间存在替代关系。互联网的产生对企业的行政费用产生了很多影响，如信息传递成本的降低；视频通话、即时通信等技术导致的管理成本的降低；互联网提供的信息对人工成本的减少以及互联网对企业销售、生产、库存等方面提供的相关信息均能够降低企业管理行政费用。李海舰（2014）指出，互联网时代的企业管理越来越"去管理化"，即管理的最高境界——零管理。

（2）对企业交易成本的影响。按照经济学理论，当企业的边际成本曲线等于边际收益曲线时，企业实现利润最大化，也达到最佳规模。互联网让实体企业、虚拟企业之间连通，合作加强，并能降低交易双方的不信任，通过精准营销、定性推送等手段使企业之间的信息不对称减小。同时，在企业和消费者之间，因为消费搜寻成本的减少，也降低了生产者与消费者之间的交易成本。此外，互联网将大规模的市场转化成小规模的利基市场，使小众产品、冷门产品及个性化产品的展示和检索成本大幅度降低，从而使头部产品与长尾产品搜索交易成本区域相同，这就让处于长尾末端的小众产品也具备了实现规模经济的可能，也从总体上降低了企业的交易成本。

（3）对企业竞争格局的影响。由于互联网的出现，跨界协作成了互联网时代的主要合作形式，虚拟经济与实体经济的融合、虚拟化组织的大量出现、信息不对称的减弱，这些因素都导致企业的竞争格局瞬息万变，企业的竞争对手不仅限于同行之间。因为跨界合作产生新的企业、新的产业模式和新的产品，都会对传统的竞争格局带来挑战，如电子商务与金融的融合对传统银行造成的冲击，即时通信软件对传统移动通信带来的冲击等。

（4）对企业能力的影响。从企业资源的角度来看，企业的资源需要具备异质性及不完全流动性才能为企业带来竞争优势，形成企业能力。企业的资源来源主要分为外部资源购买、内部资源培养及内外部资源整合三种形式。从外部资源购买的角度来看，互联网的开放、共享、协作特性为企业获取外部资源创造了有利条件，使企业可以面向全球获取并利用相关资源。从内部资源培养的角度来看，互联网一方面可以加强企业的信息管理能力，为企业组织学习提供便利，另一方面互联网的"去中心化、去等级化"等使企业的组织结构趋于扁平，在这样的背景下，更容易提高员工的创造力，进而提升企业的能力。从内外部资源整合的角度来看，互联网扩大了企业边界，让企业可以利用自身优势集中突破，自身劣势可以获取外部资源进行合作，进而实现资源的共享，提高企业能力。从企业的组织形态的方面来看，互联网使得企业之间的边界变得模糊，企业之间的信息不对称在减少，从而有力地促进企业战略联盟的形成。对于企业内部，互联网能够让企业内部各类资源整合更加快捷便利，这也催生出虚拟公司这类组织形态。因此，互联网也对企业的组织能力产生了较大的影响。

此外，通过文献回顾发现，互联网对企业管理的影响最直接的手段就是通过企业管理信息系统来实现的，下面继续回顾学者在管理信息系统方面的相关研究。

管理信息系统（Management Information System，MIS），是以人为主导，利用计算机硬件、软件及其他办公设备进行信息的收集、传递、存储、加工、维护和使用的系统。它以企业战略竞优、提高收益和效率为目的，同时支持企业高层决策、中层控制和基层操作。信息管理系统涉及经济学、管理学、运筹学、统计学、计算机科学等很多学科，是各学科紧密相连综合交叉的一门新学科。作为一门新科学，它的理论和方法正在不断地发展与完善。它除了具备信息系统的基本功能外，还具备预测、计划、控制和辅助决策的特有功能。

在信息系统的定义、作用的相关研究方面，杨立新（2015）把企业信息管理系统的含义概括为两个方面：其一，企业信息管理系统既含有企业信息管理的理论、方法，又含有管理步骤，目前的企业信息系统已经有了较为成熟严谨的科学体系，对企业信息化建设起到指导作用。其二，企业信息化管理系统能够运用先进的理论推至各个生产环节。叶峻（2015）从管理信息系统理论概述、管理信息系统对企业管理的作用、管理信息系统的风险与对策等方面，介绍了管理信息系统在企业经济发展中对企业管理的影响作用。王永超（2011）以财务管理信息系统为例阐述了管理信息系统对企业管理现代化的作用和意义。刘永琪（2009）以美国联邦快递为例探讨了在其战略转型期管理信息系统所发挥的支持性作用。杨国梁（2010）认为，管理信息系统对产品和服务差异化战略、市场细分战略和低成本领先战略起着重要的支撑作用，它对加强客户和供应商的紧密联系，创造"零库存"具有重要意义。

对于企业管理信息系统的制约因素及存在问题的研究，郑博文（2015）指出，随着企业信息管理系统的应用范围不断扩大，其在企业的应用过程中主要存在的问题：因为企业规模有限（不规范管理和资金不足）或者因为企业个性化发展，对企业信息化建设造成阻碍。但同时也给出了具体的对策：加大满足企业个性化发展的系统软件研发力度；改进传统企业的计算机数据库系统；健全现代企业信息管理系统关键绩效指标。李迪（2016）从企业信息管理系统构建的角度出发，发现企业信息系统存在的一些问题，如企业信息管理系统的科研力度不足；企业计算机数据库系统存在风险性；企业信息管理系统指标建设不完善。

对于信息系统在 KIBS 中小企业中的作用，陈韵（2016）对云计算在中小企业信息管理系统中的作用进行了分析，并为中小企业信息管理系统作了设计与构建，将云计算技术引入到当前的企业管理信息系统中，使得企业的管理方式更加信息化、智能化。在此环境下，将企业的 IT 基础设施整合为虚拟的统一资源进行管理，根据各部门各信息系统的不同需求进行按需分配，达到提高硬件使用效率、降低成本的目的。对于 KIBS 中小企业运用信息系统的制约因素，综合相关学者的研究，主要包括传统的管理模式的制约、信息系统建设成本的制约、具有信息技术知识背景复合人才缺乏方面的制约三个方面。从技术的角度来看，这些相关的制约因素随着移动互联网的普及，云计算、大数据的应用，在一定程度上可以带来改变。从企业的角度来看，企业则需要适应技术的发展，改变企业的传统管理模式，提升相应的核心能力，才能更好地应用信息技术发展、信息系统带来的优势和便利。

在信息系统对企业产生影响的作用机理及核心要素的研究方面，劳顿

（2015）对信息系统的定义来看："为收集（或检索）、处理、存储和发布组织中的信息的系统，用以支持组织制定决策和管理控制"，信息系统的核心就是信息，信息系统中的三类活动为信息的输入、处理及输出。他指出，"新兴的移动数字平台"正在充当着企业进行工作协调、沟通员工，以及为决策提供信息的角色。王恒山（2015）指出，信息的特性为真实性、扩散性、层次性、共享性及增值性，信息的维度可以分为时间维度上的要求、空间维度上的要求以及形式维度上的要求。陈露露（2016）以互联网企业为例，说明了信息传递与处理的高效会使资源的共享程度大幅提升，从而适应市场变化，形成新的竞争优势。管理信息系统正是改变、优化、重组了企业的各种信息流，从而达到提高企业效率、能力、竞争优势的目的。

从学者对管理信息系统对企业管理产生影响的研究综合来看，信息系统的核心在于信息，对企业的价值在于对信息的处理，对企业产生影响的直接因素是信息流，而移动互联网与传统的桌面互联网相比，最大的特点也在于互联网中信息因素的改变，这包括信息的内容、信息的传递、信息的处理等各个方面。移动互联网的普及应用带来了企业应用互联网、应用信息系统的飞跃，而带来这些变化的就是信息因素。因此，本书聚焦移动互联网的信息因素，通过研究移动互联网信息因素的改变，进而研究移动互联网是如何影响 KIBS 中小企业能力的。下面继续通过文献回顾的方法，总结移动互联网与传统的桌面互联网，基于移动互联网的管理信息系统与传统的基于桌面互联网的信息系统有哪些不同，移动互联网具备哪些相关的特点？

（三）移动互联网特性研究文献回顾

在前人研究的基础上，本书在移动互联网维度将研究重点聚焦到了信息因素方面。本部分仍然通过文献回顾的方法，试图阅读学者的研究文献，找出移动互联网的特点及移动互联网与桌面互联网相比具有的不同之处。

宋俊得（2005）从接入终端、网络通信系统和用户使用特征方面对移动互联网进行了定义，认为移动互联网是由移动通信系统通过终端接入互联网，让用户不受时间、地点限制获取互联网上丰富的信息资源和应用服务。移动互联网的定义可以理解为移动互联网是互联网相关技术与移动通信网络相互结合，在产品、服务、技术和运用模式上产生的一系列相关活动的集合。因为移动互联网是传统的桌面互联与移动通信网络的结合，这使得移动互联网在网络终端、商业模式、产品及服务模式上有其相应的新特点。从终端来看，移动终端的功能和形态更加多样化，包含了传统的手机终端、平板电脑、个人穿戴设备、行业服务终端以及其他的消费类电子产品。从接入技术来看，包括了 2G、3G、4G 等移动通信网络，也包含 Wifi、蓝牙、Wimax 等其他接入技术。从服务产品及服务模式来看，既可以包含传统桌面互联网移动化后的相关服务，如 Web 服务、即时通信服务等，也有很多新的服务产品及服务内容，如定位、移动支付、设备共享服务等。

具体来比较移动互联网与桌面互联网的不同之处，通过对不同学者在不同领域方面的研究文献，Lee（2009）、康洁（2013）、武常岐（2015）、周学军（2015）等众多学者均认为，移动技术区别于传统技术的最显著特性是其不受时间与空间限制的移动性，因此，本书定义移动互联网与传统桌面互联网相比的一个特性——终端移动性。

LBS（Location Based Service，基于位置的服务）为 SoLoMo（Social，Local，Mobile）特征提供了基础技术支持，使其成为移动互联网的业务体系中最具潜力的一种应用，是通过电信移动运营商的无线电通信网络（如 GSM 网、CDMA 网）或外部定位方式（如 GPS）获取移动终端用户的位置信息（地理坐标或大地坐标），在 GIS（Geographic Information System，地理信息系统）平台的支持下，为用户提供相应服务的一种增值业务。基于 LBS 的应用产品主要分为生活服务、社交及商业三个模式，各国学者如 Pajuelo（2015）、Das（2014）、Costa（2015）、罗玮祥（2015）、李香菊（2015）、马超民（2014）、蔡永香（2015）、周森鹏（2015）等对其在各领域的应用进行了相关研究。而 LBS 在企业管理应用中可以让企业时刻了解员工、客户的位置，因此，本书选择提供基于位置的服务作为移动互联网对企业管理产生影响的特性之一。

在移动互联网时代，用户访问网络基于的是 APP，而 APP 与传统桌面互联网时代相比的最大优势在于业务使用的便利性与良好的人机交互。用户使用 APP 不用再去繁杂的链接或者菜单中找到自己需要的功能，使用手机只需要通过触摸屏或者语音就能够完成。Iphone 成功之处就在于乔布斯把用户体验作为研发的最高目标。武常岐（2015）指出，移动互联网强调个性化服务，针对不同应用的 APP 具有良好的人机交互特性，为业务使用带来方便。魏林（2014）也将移动业务使用的便利性定义为移动互联网的特性。据此可以定义移动互联网的特性之一——业务使用便利及互动便利。

尽管传统桌面互联网的服务可以不受时间限制，每天 24 小时访问互联网资源，但用户因受空间上的限制，访问互联网资源需要配备固定计算机。而移动互联网与传统桌面互联网相比，上网的设备仅为一部智能手机或者平板电脑，克服了时间和空间上的限制，可以为用户提供更及时与方便的互联网服务。同时，用户通过手机获取信息与传统计算机相比具有很大的优势，录音不需要再准备麦克风，通过摄像头就能完成照片、视频的获取，通过 APP 可以将手机成为一部移动的扫描仪。张楠楠（2015）、尚晖（2015）、毕新化（2015）等学者的研究也指出，在信息的分享上，通过 QQ、微信以及企业的管理信息系统等 APP，可以有效及时地将获取的信息传递给需要的对象。由此得出移动互联网的特性——全天在线信息获取方便、及时；信息分享便利。

移动互联网与 PC 互联网相比不受接入时间、地点及接入设备的限制，用户要访问网络不需要坐在电脑边，因此，使用移动互联网可以利用各种碎片时间上网，查看信息，进行交流和处理相关业务。王力（2015）在其著作中写道，"智能手机的普及，代表着碎片化时代的来临"。武常岐（2015）、张楠楠（2015）、《人民日报》都将碎片化定义为移动互联网的特性之一。因此，将碎片化时间上网作为移动互联网的特性之一。

从 CNNIC 的统计报告可以看出，中国的手机网民人数达到 6.2 亿人，仅通过手机上网的人数为 1.27 亿人，移动互联网的普及率在中国已经非常高，用户的普及化在员工、客户关系等方面对知识型服务业中小企业的管理模式均会产生相应的影响，因此，将移动互联网普及性纳入观测变量之一。同时，从 CNNIC 的报告可以看出，中国的网民年龄，2015 年 20～29 岁年龄段的人数最多，达到了 29.9%，虽然 2015 年与 2014 年比较，40 岁以上的网民比例在增加，但年轻人的上网比例仍然是最高的，因此，将使用者年轻化作为移动互联网的特性之一。

移动互联网的使用与传统桌面互联网相比，网络接入设备为作为个人基本通信工具的手机，接入互联网不需要再单独购买 PC 等接入设备，就个人而言，通过移动互联网接入网络与传统桌面互联网相比具有成本低廉、进入门槛低的优势。对企业而言，移动互联网依靠各种云服务平台，如进行交易的电子商务平台，进行通信、社交、宣传的 SNS 即时通讯服务平台，对于企业的办公、协同工作也有相应的企业云服务平台来使用。各类基于云计算的互联网服务平台相较于传统的管理信息系统，对企业尤其是中小企业也具备成本低廉、进入门槛低的优势，因此，将使用成本低廉、进入门槛低作为移动互联网的特性之九。

此外，由于每个手机都归属到一个个人，包括手机号码、终端应用等，移动互联网的使用基本上都是私人数据，相对于 PC 用户更具个人化、私密性。所以，将涉及个人隐私问题纳入移动互联网影响企业管理的特性之十。

通过文献回顾及总结，得出了移动互联网相较于传统桌面互联网所拥有的 12 个特性，归结如表 2-7 所示。

表 2-7　本书归纳的移动互联网特性

序号	特性
1	终端移动性
2	普及性
3	使用者年轻化
4	全天在线
5	信息获取方便、及时

续表

序号	特性
6	业务使用便利
7	提供基于位置的服务
8	信息分享便利
9	互动便利
10	碎片化时间上网
11	使用成本低廉、进入门槛低
12	涉及个人隐私问题

（四）移动互联网文献综述总结

本章在中国移动互联网高速发展并大范围普及应用的现实背景下，通过阅读移动互联网如何对企业管理产生影响的相关文献，发现从移动互联网的研究角度来看，移动互联网作为一种新的技术手段，当前的研究领域主要集中在互联网环境下的商业模式研究，与企业管理相关的研究较少。而要运用移动互联网提升企业能力，需要找出移动互联网对企业能力产生影响的关键因素，作用机理及传导路径还没有研究定论，缺乏相应的文献支撑，本书将对此开展深入的研究。

同时，通过对现有文献的阅读，发现学者对传统桌面互联网、管理信息系统均有了比较深入的研究，能够为本书研究提供一定的基础和借鉴，可以基于各国学者研究桌面互联网及依赖于桌面互联网的管理信息系统对企业管理产生影响，以移动互联网的特点为突破口来展开相关的研究。进一步通过对信息系统对 KIBS 中小企业管理产生影响的相关文献阅读与总结，发现从企业管理的视角来研究移动互联网的切入点即为移动互联网的信息因素。

此外，通过学者对移动互联网在不同领域的相关研究文献的阅读，总结出了移动互联网与桌面互联网相比较所具备的 12 个特性，为下一章确定移动互联网方向的研究维度，界定移动互联网对企业能力产生影响的因素奠定了相应的理论基础。

第三章 知识密集型服务业中小企业核心能力维度研究

本章在文献回顾的基础上，以企业能力、知识密集型服务业定义及特性等学者的研究成果为出发点，给出 KIBS 企业核心能力的特征定义，并分析出 KIBS 企业的核心业务运作过程。在此基础上，分析及推导出移动互联网的普及与应用的背景下基于信息因素改变的视角，KIBS 企业受影响最大、需要重点加强的企业核心能力是企业决策能力、管理沟通能力及知识吸收能力。本章的研究成果为进一步以实证方式定量研究移动互联网会如何影响 KIBS 企业的核心能力、移动互联网对 KIBS 企业核心能力产生影响的途径、作用机理及传导机制奠定了理论基础。

本章在企业能力视角下的相关研究思路如图 3-1 所示。

一、KIBS 中小企业概述

（一）KIBS 中小企业定义

通过文献回顾发现，目前学术界对于知识密集型服务业仍然没有统一定义，大部分学者或者组织多是根据自身研究的需要从某一个或几个角度出发对知识密集型服务业加以简单的定义，本书的研究目标是以知识密集型服务

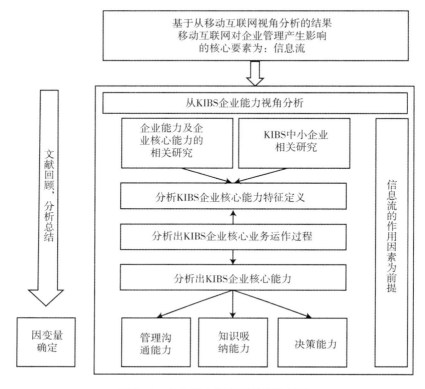

图 3-1　企业能力视角下的研究思路

业中小企业为例，研究移动互联网对企业能力的影响，因此，在总结各国学者对知识密集型服务业的基础上，对知识密集型服务业中小企业的定义为：在信息时代背景下，运用各类信息化手段，以知识、信息为对象，对知识、信息进行创造、传播和应用的服务行业群，其产品价值体现在信息与知识的输送和知识产权上。本书研究的具体行业细分为咨询服务、财会服务、知识产权服务、信息技术服务、金融服务、生产技术服务、工程设计服务、法律服务、教育行业、科研服务、文化交流行业，共计十一大行业。

（二）KIBS 中小企业特性

通过文献回顾，本书认为基于 IT 因素改变的视角来分析 KIBS 的核心能力，应当考虑其如下特点：

1. 知识是核心

从知识创新的过程来看，KIBS 企业产品的性质是"知识密集的"，这些产品作为要素参与企业与客户之间知识的创造与知识的整合过程中（Hauknes，1998）。Antonelli（2012）从研究 KIBS 企业的知识特征的角度出发，认为 KIBS 的产品服务中包含了大量的隐形知识，服务的核心就是知识。传统的产业依赖自然资源及资金的积累而获得发展，而 KIBS 的运作主要依赖于知识资源，其创作财富的动力是知识驱动的。传统行业的资源有限的、稀缺的，而 KIBS 企业的资源是知识，知识可以复制、传播，同时，在一定条件具备的情况下，还可以直接在不同客户间共享，因此可以说，KIBS 企业的资源是无限的。

2. 技术程度高

KIBS 企业将技术知识与产业发展连接起来，一方面积极地利用新技术为企业提供服务，另一方面创造并扩散新技术。KIBS 企业包含了特殊领域的技术知识，如 IT、工程咨询、技术服务、管理咨询等都聚集了大量的技术知识，依赖于拥有高素质的从业人员，对知识的利用、传播及创造的能力构成知识密集型服务的核心竞争力。

3. 高度交互性

KIBS 企业依托高科技和专业的知识、信息和经验，其价值的创作在很大程度上是为其他传统行业服务，因此其产品的生产过程与客户之间具有高度交互性，同时，还需要针对客户的特性对产品进行定制。KIBS 企业在具备专业化知识的同时，所提供的服务还需要具备个性化的特点，其生产过程与客户的需求有着直接紧密的联系。

4. 高度创新性

Baark（1998）在研究工程咨询业创新特征时就认为 KIBS 企业是创新型的服务业。Miles（1995）等则提出 KIBS 企业作为其客户的创新活动的合作者，有着影响客户创新轨迹的能力，在创新过程中扮演着推动者、传播者和发起者的多重角色。KIBS 企业价值的创造就在于知识的整合与利用，而知识的整合与利用的过程就是一个创新的过程。KIBS 企业在与客户交互的过程中，在吸收客户提供知识的同时，利用自身高度的高技术性来创造新的知识。因此，KIBS 企业具有高度的创新性。

二、KIBS 企业核心能力的特征和定义

还没有学者给出 KIBS 企业核心能力的定义及特征，本书在文献回顾的基础上结合相关学者的研究，将企业核心能力定义为企业生产经管过程中能够让企业保持竞争优势的相关能力。而对于 KIBS 企业，结合企业核心能力的相关理论及 KIBS 企业的特征，下面分析 KIBS 企业核心能力的特征，并将其作为 KIBS 企业核心能力的特征定义，作为进一步分析 KIBS 企业具体核心能力的理论基础。

核心能力需要涉及整个生产经营活动，跨组织、跨部门，包括企业内部和外部的相关要素。因此，KIBS 企业核心能力的第一个特征为：一种组织能力，产生于企业的组织中，是公司高层可以跨部门、跨业务单元对企业的运营及发展方向进行把握的能力。

Baven（1996）研究认为，KIBS 企业在业务拓展过程中学习与运用的机会不断增多，使核心能力得以提升、增值。从 KIBS 的特征也可以看出，对于 KIBS 企业，知识是核心，企业的创新性来自掌握企业知识的程度、来自企业知识的积累与知识水平的提高。因此，KIBS 企业核心能力需要具备的第二个特征为：能够提升企业核心价值，增强企业知识积累与提高企业创新性的能力。

KIBS 企业的生产经营过程的核心是知识，因此，相关核心能力应当是能

够对企业生产经营过程中知识的流向起到关键作用的能力。而 KIBS 企业的知识流向的本质是企业核心业务的开展，知识的流动过程构成了企业的核心业务运作过程。因此，KIBS 企业核心能力的第三个特征为：多种能力组成的复合能力，能够为企业的核心业务运作的顺利开展服务。

由于知识是 KIBS 企业的核心，企业的创新性、竞争力均来自企业所掌握的具有较高技术程度的相关知识。而企业所掌握知识程度的高低则来自企业在服务过程中能否对相关信息与知识进行处理、创造与应用。因此，KIBS 企业核心能力的第四个特征为：在服务过程中处理、创造和应用信息与知识，并能够让信息与知识构成 KIBS 的竞争力的能力。

对于 KIBS 企业，其知识是核心，而当今的社会是一个知识大爆炸的时代，知识更新的速度非常快，KIBS 企业只有准确快速了解客户的知识缺口，才能够适应市场的需求，从而保持企业的核心竞争力。因此，KIBS 企业核心能力的第五个特征为：企业可以更快更准确地适应客户及市场需求的能力。

三、KIBS 企业核心业务的运作过程分析

前文对 KIBS 企业核心能力的特征进行了定义，但是仅从五个特征定义仍然不能够满足找出 KIBS 企业核心能力的相关条件，正如第三个特征定义所指出的，对于 KIBS 企业的生产经营过程，其核心是企业核心业务的开展。因此，研究 KIBS 企业的核心能力需要分析 KIBS 相关业务是如何开展的，从而找出 KIBS 企业的核心业务运作过程。这也是分析 KIBS 企业核心能力的基础。

企业的核心能力为企业生产经管过程中能够让企业保持竞争优势的相关能力，涉及企业整个价值链及企业的完整的运作过程，能够让企业具备创新能力、适应市场需求、提升企业的产品及服务质量、提升企业竞争力的相关

能力。分析移动互联网信息因素对 KIBS 企业的核心能力的影响，需要找出 KIBS 企业在 IT 因素改变的情况下，受到影响的相关核心能力。而分析 KIBS 企业的相关核心能力则涉及企业的生产经营过程。

营销学认为导致客户购买产品或者服务的动机是客户需求，对于 KIBS，客户对其需求也是购买服务的直接动机。之所以选择 KIBS，从本质上说，是为了获得 KIBS 企业所能提供的专业知识，同时，这些专业知识可以弥补自身的知识缺口。知识缺口的存在是客户引入 KIBS 的直接原因。KIBS 的核心业务运作过程就是在自己拥有丰富知识资源的基础上，通过与客户的接触不断地积累知识，并将自己已有知识进行调整、更新、转移给客户，从而为客户创造价值，同时在此过程中不断地更新自己的知识资源，创造出新的知识。

Strambach（2001）及陶峻（2010）进行了 KIBS 企业核心流程分析，通过研究 KIBS 企业与客户之间的联系，他们发现 KIBS 企业向客户进行知识转移分为三个核心阶段：①知识的获取，包括显性及隐性知识；②对知识进行重新整合与创造；③向客户转移与扩散新知识。其中，知识的获取与转移阶段发生在 KIBS 企业与客户之间，知识的整合与创造在 KIBS 企业内部完成。但是，对于 KIBS 企业所处的移动互联网环境，KIBS 企业知识获取的途径变得丰富多样，既包括为解决客户特定问题由客户提供的相关知识，也包括从互联网等外部知识资源、外包服务商处获取到的新知识以及在解决客户需求过程中 KIBS 企业通过知识的转移与扩散获得的相关知识。因此，本书对 Strambach 及陶峻的研究结论的第一个阶段进行细分，将 KIBS 的核心运作流程分为如图 3-2 所示的四个过程。

过程 1：获取客户知识信息。该过程的知识来源为客户，是 KIBS 企业为了解决客户的特定问题，通过与客户的交流所获得的针对需要解决的特定问题相关的显性和很多客户提供的支离破碎的隐性知识。这些知识是 KIBS 企业为客户服务的基础。

过程 2：知识整合。该过程是 KIBS 企业进行知识加工与创造的阶段。该过程所加工的知识对象既包括企业内部的知识积累和通过过程 1 获得的客户

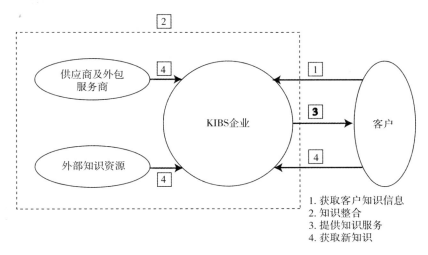

图3-2　KIBS企业核心业务运作过程

知识，也包括来自外部的供应商及外部服务商、其他外部知识源所获得的知识。加工的过程要针对客户的要求，将各类知识进行重新编码、重组、整合与创新。

在此过程中，KIBS企业对知识的整合过程需要对相关信息进行系统的分析，从根本上寻找解决问题的方案，发现隐藏的、深层次的问题，这一过程是KIBS企业竞争力的体现。

由于互联网的发展，有很多通过网络提供知识服务的个人或组织。本书所指的外部供应商及外包服务商，既包括传统意义上的其他实体企业，也包括通过网络为KIBS企业在为客户服务过程中提供核心产品的虚拟组织或个人。这些供应商是KIBS企业重要的外部知识源，与KIBS企业之间存在着大量的知识转移活动，双方需要进行持续的交流和互动。

同时，在此过程中，由于KIBS企业内部知识系统知识积累会存在不足以满足客户需求的情况，除从外部供应商及外包服务商获得支持外，KIBS企业还能通过学习新的知识来完善自己的知识体系，完成知识的整合。

过程3：提供知识服务。该过程是KIBS企业对创造的新知识进行转移与扩散的过程，也是KIBS企业针对客户要求解决了客户的相关问题，客户交付其完成的知识密集服务产品的过程。这一过程代表一次知识转移活动的完成。

过程 4：获取新知识。在互联网环境下，知识更新的速度越来越快，为了能够体现存在的价值与保持企业竞争力，KIBS 企业必须要拥有与客户之间的知识缺口以及高于同行竞争对手的优势知识。因此，对于 KIBS 企业，获取新的知识至关重要。获取新知识的途径既包括向客户提供知识服务的过程中，通过知识的创造与转移所获得的新知识，也包括在与外部供应商的交流及从外部知识资源进行学习的过程中，KIBS 企业自身的知识库得到扩充的新知识，这是 KIBS 企业实现创新与发展的基础。

从 KIBS 企业的核心业务运作的四个过程可以看出，KIBS 企业业务的运作正好可以体现 KIBS 企业的相关特性。知识作为 KIBS 企业的核心，始终贯穿整个业务运作过程。同时，在四个运作过程中，无论是与客户之间的知识传递，与外部供应商之间的知识获取，还是 KIBS 企业内部的知识整合，都体现出高度的交互性，这既包括企业外部的交互也包括企业内部各部门、员工之间的交互。而 KIBS 企业获取新知识及对知识进行整合，则体现出 KIBS 企业技术程度高度创新性这两个特点，也正因为 KIBS 企业所具备的这两个特点，才能够形成 KIBS 企业与客户之间存在的知识缺口，也才能够体现 KIBS 企业存在与发展的价值所在。

四、KIBS 中小企业核心能力分析

本书的研究背景及目的是随着当前移动互联网普及大范围的应用，对 KIBS 企业外部环境的信息因素产生了很大的改变，KIBS 企业相应的能力是必须要适应外部环境而做出改变与提升，从而实现企业保持竞争力并借助外部环境的改变来取得更好、更快的发展。

本书针对 KIBS 企业核心能力的分析，主要基于：①遵从 KIBS 企业核心能力的特征定义；②KIBS 企业核心业务运作过程中所必须具备的相关能力；③结合研究背景，即移动互联网环境下信息因素的改变，体现在信息获取更加方便快捷、信息传递效率的提升及信息处理能力的提升，其相关能力应当受这些特性的影响。

在外部环境 IT 因素改变的情况下，KIBS 企业受影响的核心能力。包括管理沟通能力、知识吸收能力及企业决策能力三个方面（见表 3-1）。

表 3-1 KIBS 企业核心能力影响情况

KIBS 企业核心能力		受 IT 因素改变的影响			对 KIBS 企业核心业务运作过程的影响			
		信息获取	信息传递	信息处理	获取客户知识信息	知识整合	提供知识服务	获取新知识
企业决策能力	决策信息获取	Y	Y		从总体上对企业核心业务运作过程产生影响			
	决策信息整合及归纳	Y		Y				
	决策信息的质量	Y	Y	Y				
管理沟通能力	内部沟通	Y	Y	Y		Y		
	外部沟通	Y	Y	Y	Y	Y	Y	Y
	沟通认知			Y	Y	Y	Y	Y
知识吸收能力	知识获取	Y	Y		Y	Y		Y
	知识转换			Y		Y		
	知识利用		Y	Y		Y	Y	Y

注：Y 表示受到影响。

（一） 管理沟通能力

KIBS 企业的核心业务运作分为四个过程，影响 KIBS 企业外部环境的主要是供应商（服务外包商）及客户，内部环境的主要是企业内的知识整合。KIBS 企业的核心业务运作过程无论是内部环境还是外部环境，信息知识流贯穿始终。而对于信息知识的获取、转移与整合，以致最终通过知识流创造新的价值，均离不开企业对内、对外的沟通能力。据此，提出 KIBS 企业的第一个核心能力：管理沟通能力。

沟通就是通常意义上的信息交流，即把某一信息传递给其他客体。沟通是人类社会的一般现象，而管理沟通则是企业或组织中的一种特殊的沟通现象。根据相关学者的研究，管理沟通可以定义为：以提高组织效率、实现组织目标为目的，在企业履行管理职责、实现管理职能过程中，通过各种手段有目的的交流观点、信息和情感的行为过程。而企业的管理沟通能力（Management Communication Ability，MCA）则指企业在管理过程中，围绕如何整合组织资源、以最低成本达到最有效的沟通行为的能力。

沟通，《新编汉语词典》解释为"使两方能通连"，《大英百科全书》解释为"用任何方法，彼此交换信息。"

陶峻（2010）指出，在知识转移的过程中无论是与客户之间的外部知识转移还是企业内部的知识转移，核心是良好的沟通能力，谢荷锋（2015）等学者通过实证证明，沟通能力对知识转移效果具有正向的调节作用。由此可以看出，KIBS企业的生产特性之一为高度的互动性。李红（2005）研究得出，知识密集型服务业的核心特征为高交互性与网络学习。赵明霏（2013）、卢静（2007）通过研究指出，知识密集型服务业的生产过程具有高度的互动性，需要与客户良好的沟通。

（二）知识吸收能力

Cohen 和 Levinthal（1990）把知识吸收能力定义为企业识别外部新知识和信息的价值，将其消化吸收并应用与商业目的的能力，他们认为企业的吸收能力越强，对外界环境的经营掌握能力越强，就越有机会把竞争对手的外溢知识引进企业内部。Kim（1998）在他们的基础上对现代公司进行案例研究，把知识吸收能力定义为企业解决问题中的学习新知识的能力和利用新知识的能力。结合图3-2知识密集型服务业核心能力运作过程来看，企业从外部获取知识及内部知识的整合均依赖知识的吸收能力，从前文对KIBS企业的研究文献回顾来看，无论从哪个角度来对KIBS企业进行研究，KIBS企业的学习型组织特性、对知识的依赖性等均需要KIBS企业具有良好的知识吸收能力。

此外，虽然不同学者对企业能力的划分标准、研究维度不同，但有一点共同之处，那就是企业的业务能力、生产能力、对资源的管理和整合能力等都是研究的维度。而对于 KIBS 企业而言，其业务、生产、资源的核心就是知识，因此，知识的吸收能力也是 KIBS 企业所需的核心能力。

（三）决策能力

决策能力是企业管理者准确鉴别企业经营机会、进行战略判断、果断做出决定并承担由此带来的确定风险的能力（刘进和揭筱纹，2012），需要管理者对企业实力、管理者自身的经验与知识以及企业内外各种关系和资源情况进行整体的分析评估。Simon（1997）认为，企业家进行决策所需的创造力、判断力必须基于已有经验和知识的认知，是对现有经验和知识进行反应的表达形式。Casson（1982）认为，企业家是善于在不确定的经济环境中对稀缺资源的协调配置做出判断性决策的人，而成功的企业家是拥有超常的机警、超常的创造力和判断力的人。决策能力的体现在于决策者对决策方案的选择与执行，只有具备问题发现、信息整合、超级联想、独立思维和方案选择 5 种能力才能说明企业家具有较为突出的决策能力（李志等，2009）。方志军和盛宇华（2004）进行的调研表明，管理决策能力是企业最为重要的企业能力，企业能力的核心就是决策能力。

郭咸刚（2003）、李克特（1967）、卢启程（2006）等众多研究企业管理的学者都将企业的决策能力归为能力的重要因素，管理信息系统、互联网的基本特性之一为信息流，而通过 Tichy（2008）、邱明锋（2013）、郁朝阳（2006）、李湘露（2006）等众多学者的研究可知，信息流对企业的决策能力产生重要影响，而企业的决策能力是企业发展过程中所需要的重要能力。

五、本章小结

本章对 KIBS 企业及企业能力相关文献回顾的基础上，参照熊勇清（2006）企业能力的划分标准，按企业经营过程中的重要性把企业能力分为核心能力与非核心能力。在此基础上，对企业核心能力的相关研究进行文献回顾，定义出企业的核心能力为企业生产经管过程中能够让企业保持竞争优势的相关能力。进一步对 KIBS 企业特性进行分析，定义了 KIBS 企业核心能力的五点特征，并分析出 KIBS 企业的核心业务运作过程。依据 KIBS 企业核心能力的特征定义及核心业务运作过程，分析总结出本书研究的企业核心能力的三个维度，分别为：Y1——管理沟通能力、Y2——知识吸收能力及Y3——管理决策能力。为后续章节确定研究假设及构建理论模型奠定了相应的基础。

第四章　移动互联网对企业能力影响因素分析

移动互联网作为一项新兴技术，诞生时间较短，但是发展速度很快。我国移动互联网，是在 2014 年 4G 网络应用普及，特别是 2015 年底，移动运营商提速降费后才真正开始大范围应用。移动互联网的概念比较新颖，社会各界对移动互联网的定义多种多样，移动互联网对企业管理、企业能力产生影响的相关因素研究还比较缺乏。本章研究移动互联网对企业能力产生的影响，需要界定移动互联网对企业能力产生影响的因素及移动互联网的研究维度，通过文献回顾，移动互联网对企业管理产生影响的作用机理在于信息流，在于移动互联网带来的信息因素的改变。同时，通过阅读学者在各领域研究移动互联网的相关文献，找出了移动互联网与传统桌面互联网相比较所具备的12 个特点。本章将通过分析这些特点，从移动互联网的角度出发，归纳总结出移动互联网的哪些信息因素会对 KIBS 企业管理产生的影响。

本章研究的移动互联网维度的思路及方法如图 4-1 所示。

一、专家访谈及问卷调查

前文通过文献回顾，总结出移动互联网相较于传统的桌面互联网所具备的 12 个特性，但是由于学者对移动互联网的研究重点在商业模式创新等方

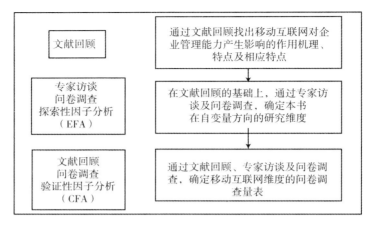

图4-1 移动互联网维度的研究思路及研究方法

面，针对移动互联网对企业管理特别是企业能力相关的研究很少，进行实证研究的几乎为零。因此，如果以这12个特性全部作为移动互联网对企业能力产生影响的研究维度制作量表并进行问卷调查，效度不能保证，此外，由于维度较大，在KIBS企业还需研究3~4个维度，最后的结构方程全模型将有36~48条假设，按照以往学者进行结构方程模型分析的经验，这不可能分析出结果。因此，在研究移动互联网维度方面，我们进行了一次问卷调查，并进行探索性因子分析，以最终确定本书研究的自变量。

（一）问卷设计

问卷调查对象是从事企业管理、信息技术研究的专家学者以及部分中小企业的高层管理人员。在问卷设计上分为两个部分，第一部分主要为被调查者背景信息描述，第二部分为被调查者对本书提出的12个移动互联网特性与企业能力关系的调查（具体问卷见附录）。

（二）调查过程

本次调查过程持续近1个月，主要采用面访或电话访问的形式进行，首先向被调查者解释本次研究的目的，然后对题项进行解释，请被访者自己勾选题项或由笔者在解释的同时由被访者给出答案。

二、测量结果分析

（一）被访者个人信息描述

本次一共调查了 43 位被访者，因为均为面谈或者电话调查，样本回收率为 100%，有效量表比例为 100%。具体情况如表 4-1 所示。

表 4-1　移动互联网对企业管理影响因素问卷调查描述性统计

性别					
		频率	占比（%）	有效占比（%）	累计占比（%）
有效	男	24	55.8	55.8	55.8
	女	19	44.2	44.2	100.0
	合计	43	100.0	100.0	
年龄					
		频率	占比（%）	有效占比（%）	累计占比（%）
有效	30 岁以下	6	14.0	14.0	14.0
	30~40 岁	12	27.9	27.9	41.9
	40~50 岁	14	32.6	32.6	74.4
	50 岁以上	11	25.6	25.6	100.0
	合计	43	100.0	100.0	

续表

学历					
		频率	占比（%）	有效占比（%）	累计占比（%）
有效	本科	3	7.0	7.0	7.0
	硕士	17	39.5	39.5	46.5
	博士	23	53.5	53.5	100.0
	合计	43	100.0	100.0	

职称					
		频率	占比（%）	有效占比（%）	累计占比（%）
有效	中级职称	9	20.9	20.9	20.9
	副高级职称	20	46.5	46.5	67.4
	高级职称	8	18.6	18.6	86.0
	无	6	14.0	14.0	100.0
	合计	43	100.0	100.0	

研究方向					
		频率	占比（%）	有效占比（%）	累计占比（%）
有效	信息技术	15	34.9	34.9	34.9
	企业管理	20	46.5	46.5	81.4
	企业管理人员	8	18.6	18.6	100.0
	合计	43	100.0	100.0	

是否使用智能终端上网					
		频率	占比（%）	有效占比（%）	累计占比（%）
有效	是	42	97.7	97.7	97.7
	否	1	2.3	2.3	100.0
	合计	43	100.0	100.0	

因为调研对象主要为高校教师及企业管理人员，被访者学历及职称均较高，其中8位企业管理的受访者因不参评职称，有6位被访者职称为无，没有初级职称人员；有1位从事企业管理研究的女教授因为视力问题，不用手机或其他智能终端上网，其他的人员均习惯通过手机或者平板访问网络。

（二）移动互联网对企业管理影响因素分析

对于移动互联网对企业管理的影响因素分析，主要采用 SPSS 对问卷进行描述统计。结果如表 4-2 和图 4-2 所示。

表 4-2　移动互联网对企业管理影响因素问卷调查题项

题目编号	移动互联网特征
X1	终端移动性会对企业能力产生影响
X2	全天在线的特性会对企业能力产生影响
X3	提供基于位置的服务会对企业能力产生影响
X4	可以利用碎片化时间上网会对企业能力产生影响
X5	信息获取方便会对企业能力产生影响
X6	信息获取的及时性会对企业能力产生影响
X7	相关业务使用便利会对企业能力产生影响
X8	用户之间互动的便利性会对企业能力产生影响
X9	用户进行信息分享的便利性会对企业能力产生影响
X10	使用者年轻化会对企业能力产生影响
X11	用户的普及性会对企业能力产生影响
X12	涉及用户的个人隐私问题会对企业能力产生影响

统计量

		X1	X2	X3	X4	X5	X6	X7	X8	X9	X10	X11	X12
N	有效	43	43	43	43	43	43	43	43	43	43	43	43
	缺失	0	0	0	0	0	0	0	0	0	0	0	0
均值		1.30	1.49	1.72	1.21	1.42	1.26	1.35	2.84	1.37	3.56	3.28	4.05
众数		1	1	1	1	1	1	1	3	1	4	3	5
标准差		0.465	0.506	0.797	0.412	0.499	0.441	0.482	0.485	0.489	0.796	1.031	1.090
极小值		1	1	1	1	1	1	1	2	1	2	1	2
极大值		2	2	3	2	2	1	2	2	2	5	5	5

图 4-2　移动互联网对企业管理影响因素研究问卷调查统计量

对于 X10、X11 和 X12，受访者普遍认为这些特征虽然是移动互联网与传统桌面互联网相比较所具备的特征，但是对企业管理或者企业能力产生的影响有限，而是在对用户群、企业商业模式分析等方面的研究具有显著性。因此建议删除这三个特征。

对于 X8，很多专家认为与 X9 的区别不大，特别是如果进行大范围调查，容易产生同质性错误。因此建议删除这一特征。

对于 X6，专家认为该特征虽然对企业管理会产生影响，但信息技术方面的专家和企业管理人员提出，移动互联网的进入门槛低、使用成本低廉在现阶段主要体现在访问设备及上网成本的方面，对于企业管理而言，还不能体现这一特征，因为还涉及云计算等影响因素。因此建议删除这一特征。

最终移动互联网的特性定为如表 4-3 所示的七个方面。

表 4-3   通过问卷调查得出的移动互联网特性

序号	特性
1	终端移动性
2	全天在线的特性
3	提供基于位置的服务
4	碎片化时间上网
5	信息获取方便、及时
6	信息分享的便利性
7	业务使用便利

（三）探索性因子分析（EFA）

探索性因子分析（Exploratory Factor Analysis，EFA）是一项用来找出多元观测变量的本质结构，并进行降维处理的方法。主要作用及目的是确定量表因素结构或一组变量的模型，常考虑的是要决定多少个因素和概念因素负荷量的组型如何（吴明隆，2009）。探索性因子分析以最少的信息丢失为前提，将众多的原有变量综合成较少几个综合指标，名为因子。

本次问卷调查确定了 7 个主成分，为了探索主成分之间的相关性，便于归纳移动互联网的本质特征及为后续的研究工作开展降低计算量，采用 SPSS 进行了探索性因子分析。分析结果如表 4-4 所示。

表 4-4　移动互联网对企业管理影响因素研究 EFA 分析 KMO 和 Bartlett 球体检验

取样足够度 Kaiser-Meyer-Olkin 度量		0.518
Bartlett 球体检验	近似卡方	40.732
	df	21
	Sig.	0.006

Bartlett 球体检验的目的是检验相关矩阵是否是单位矩阵（Identity Matrix），如果是单位矩阵，则认为因子模型不合适。Bartlett 球体检验的虚无假设为相关矩阵是单位阵，如果不能拒绝该假设，就表明数据不适合用于因子分析。一般来说，如果显著水平值越小（<0.05）表明原始变量之间越可能存在有意义的关系，如果显著性水平很大（如 0.10 以上）则表明数据不适宜于因子分析。

KMO 是 Kaiser-Meyer-Olkin 的取样适当性量数。KMO 测度的值越高（接近 1.0 时），表明变量间的共同因子越多，研究数据适合用因子分析。一般认为>0.5 可以满足因子分析的需要。

本次研究对 7 个主成分分析 KMO 系数为 0.518>0.5 的需求，满足因子分析条件，Bartlett Sig.=0.006，远小于 0.05 的，表明 7 个主成分间可能存在有意义的关系。

进一步采用主成分分析法进行共同因子方差分析，结果如表 4-5 所示。

表 4-5　移动互联网对企业管理影响因素研究 EFA 分析公因子方差

	初始	提取
X1	1.000	0.766
X2	1.000	0.610
X3	1.000	0.823

	初始	提取
X4	1.000	0.594
X5	1.000	0.568
X7	1.000	0.574
X9	1.000	0.624

注：提取方法为主成分分析。

7个成分的提取共同因子方差值介于0.624~0.766，没有过低值，表明7个变量不需要排除，均可以进行因子分析。解释总方差如表4-6所示。

表4-6　移动互联网对企业管理影响因素研究EFA分析解释总方差

成分	初始特征值			提取平方和载入		
	合计	方差的%	累计%	合计	方差的%	累计%
1	1.912	27.311	27.311	1.912	27.311	27.311
2	1.553	22.188	49.498	1.553	22.188	49.498
3	1.094	15.626	65.125	1.094	15.626	65.125
4	0.896	12.803	77.927			
5	0.731	10.444	88.371			
6	0.439	6.272	94.643			
7	0.375	5.357	100.000			

注：提取方法为主成分分析。

如表4-6所示，有3个成分的特征值大于1，3个成分的解释总方差为65.125%。进一步分析成分矩阵如表4-7所示。

表 4-7 移动互联网对企业管理影响因素研究 EFA 分析成分矩阵

成分矩阵[a]			
	成分		
	1	2	3
X1	0.851	−0.002	0.205
X2	0.773	−0.108	0.029
X3	−0.115	0.346	0.831
X4	0.714	0.075	−0.279
X5	−0.059	0.730	−0.176
X7	0.239	0.682	0.227
X9	−0.075	0.646	−0.449

注：提取方法为主成分分析。a 为已提取了 3 个成分。

由表 4-7 可知，因子分析共提取 3 个主成分，对 7 个变量的解释程度如表 4-8 所示。

表 4-8 移动互联网对企业管理影响因素研究 EFA 分析主成分对变量解释程度

变量		主成分		
		1	2	3
X1	终端移动性	0.851		0.205
X2	全天在线的特性	0.773		
X3	提供基于位置的服务		0.346	0.831
X4	碎片化时间上网	0.714		
X5	信息获取方便、及时		0.730	
X7	信息分享的便利性		0.682	0.227
X9	业务使用便利		0.646	

由表 4-8 可知，主成分 1 解释了终端移动性、全天在线的特性及碎片化时间上网 3 个移动互联网的特性，这正好反映了移动互联网与传统桌面互联网在使用上不受时间、空间因素限制的特点。

主成分 2 解释了信息获取方便、及时，信息分享的便利性及业务使用便利 3 个特点，这正好反映了移动互联网与传统桌面互联网相比，在对信息的获取、传递以及使用上的便利性。

此外，主成分 2 对移动互联网可以提供基于位置的服务进行 0.346 的解释，但是从主成分 3 中我们看到，主成分 3 对提供基于位置的服务解释程度达到 0.831，对终端移动性及信息分享的便利性也有 0.2 左右的解释程度。从理论上看，移动互联网能够提供基于位置的服务，与移动互联网对信息的使用便利没有直接联系，与终端移动性及信息分享的便利性两个特性相比也不存在理论上的共同特点，因此，本书将移动互联网能够提供基于位置的服务单独作为一个主成分来进行研究。

三、本章小结

本章在第二章所总结出移动互联网对企业影响的关键因素在于信息流以及前人对移动互联网与传统桌面互联网相比较所具备的 12 个特征为理论基础，采用问卷调研的方式对 43 位从事管理学、信息技术方面研究的专家及企业高层管理人员的面谈及问卷调查，通过访谈及对问卷的数据分析确定了 7 个移动互联网对企业能力产生影响的维度。为了探索这 7 个维度的相关性及共同特征进行了探索性因子分析（EFA），并找到了 3 个主成分，分别为移动互联网的时空因素，能够提供基于位置信息的服务，信息的获取、传递及业务使用的便利性。由此，确定移动互联网方向的自变量分别为 X1——时空因素；X2——便利性；X3——基于位置的服务（LBS）。

本章的研究确定了移动互联网方向的研究维度及自变量，为后续研究打下了基础。

第五章 研究假设与理论模型

一、总体假设关系

从前文分析可以看出，企业的核心能力决定了企业的长期竞争力，核心能力与核心竞争力相比，其包含的范围更加广泛。企业核心能力涉及企业的整个价值链及其经营过程，而核心竞争力只体现价值链的一部分。但是，企业的核心能力会因为竞争对手的学习和知识扩散而降低，因此企业只能通过不断地学习和创造，快速地进行技术或者产品的创新才能保持和提高其核心能力。而互联网的出现，对企业的学习和创造能力、快速进行技术和产品的创新能力都具有积极的促进作用。

同时，依据波特提出的价值链理论，企业需要整合内外部资源，具备对价值链的各个环节或者相应流程进行有效管理的能力，才能够具有核心能力，从而具备竞争优势。而互联网的出现对传统的价值链理论提出了挑战，大数据、云计算以及社会化网络成为基础设施，这使得终端用户、商家、企业、供应商等传统价值链中的各个环节无缝地连接了起来，传统的价值链逐渐发展成为一个完整的价值网络。迟晓英（2010）通过对价值链发展的研究综述，发现互联网不仅影响着企业的基本技术和活动，而且影响了企业价值链的核心、关键成本驱动因素和关键价值驱动因素，从而影响企业的价值系统结构，改变企业的成本结构和商业模式。因此，从价值链角度来看，互联网的出现必将影响企业的核心能力。

此外，从企业能力的角度上分析，互联网对企业能力具有重要的影响，主要体现在企业资源理论及企业组织形态两个方面。按照企业资源的相关理论，企业的资源需要具备异质性及不完全流动性才能为企业带来竞争优势，形成企业能力。企业的资源来源主要分为外部资源购买、内部资源培养及内外部资源整合三种形式。从外部资源购买的角度来看，互联网的开放、共享、协作特性为企业获取外部资源创造了有利条件，从而使得企业可以面向全球获取并利用相关资源。从内部资源培养的角度来看，互联网一方面可以加强企业的信息管理能力，为企业组织学习提供便利，另一方面互联网的"去中心化、去等级化"等使得企业的组织结构趋于扁平，在这样的背景下，更容易提高员工的创造力，进而提升企业的能力。从内外部资源整合的角度来看，互联网扩大了企业边界，让企业可以利用自身优势集中突破，在劣势的方面获取外部资源进行合作，进而实现资源的共享，提高企业能力。从企业的组织形态来看，互联网使得企业之间的边界变得模糊，企业之间的信息不对称减少，从而有力地促进企业战略联盟的形成。对于企业内部，互联网能够让企业内部各类资源整合更加快捷便利，这也催生出虚拟公司这类组织形态的出现。因此，互联网也对企业的组织能力产生了较大的影响。

介于以上几个方面的分析，同时依据移动互联网会对企业管理及企业能力产生影响是客观存在的事实，按照许志端（1997）、陈建斌（2000）、孙德梅（2003）、劳顿（2015）等学者提出的观点，移动互联网必然会对企业能力产生影响，本书进行假设，移动互联网的普及应用与发展会对企业核心能力产生重要的影响。聚焦到 KIBS 中小企业核心能力，本书的总体假设关系如图 5-1 所示。

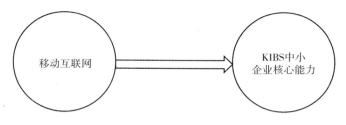

图 5-1 总体假设关系

二、具体研究假设

（一） 移动互联网对企业管理沟通能力的影响

对于企业的管理沟通，众多学者进行了研究，美国的沟通学者哈罗德·拉斯韦尔提出了沟通的拉斯韦尔公式，数学家克劳德·香浓提出了香浓—韦弗模式，还有奥斯古德与拖拉姆的循环模式。通过对企业管理沟通研究的文献回顾，得出沟通流程包括七个环节：①信息的发出者，即信息来源，既可以是个人也可以是群体。②信息的编码方式，指信息发出者采用的传递信息的形式，如语言、文字、图像或者密码等。在移动互联网时代，信息的编码方式变得更加丰富与多样化。③媒介，沟通双方用来传递信息的渠道和载体，如电子媒介等。④沟通的客体，即信息的接收者，也是整个沟通流程的最后环节，与信息发出者相同，可以是个人或者群体。⑤译码，客体收到信息后对信息进行解释和理解，这是对信息的编码进行翻译的过程。⑥做出反应，体现出整个沟通的效果。⑦反馈，沟通的客体成为信息的发出者，反馈让沟通成为一个循环的过程。此外，对于企业的管理沟通能力，在沟通过程中所面临的外部环境及氛围也会对沟通的效果产生影响。从沟通的七个环节可以看到，移动互联网对其中的信息编码、媒介、译码及反馈 4 个环节都会产生影响，此外，移动互联网的使用还会改变企业管理沟通的外部环境及氛围。

而企业的管理沟通能力作为企业管理的重要环节，也有大量学者进行了研究。"管理中有两个 70%，一个是管理者 70% 的时间用于沟通上，另一个是管理中 70% 的问题与沟通障碍有关"（董玉芳，2005）。韩红蕾（2014）、刘晓鹏（2009）、陈亮（2005）、吕玲（2013）等学者把企业管理沟通分为内部沟通与外部沟通。内部沟通主要是企业内部人员的沟通，而外部沟通为企业与客户、供应商、政府部门等之间的沟通。内部沟通包括上下级之间的纵向沟通和同级之间的横向沟通。从沟通的形式上看又可以分为正式沟通与非正式沟通。马筠乔（2014）指出，移动互联网通过微信、视频会议等通信软件，正在改变着企业传统的沟通模式。刘永宏（2012）指出，企业在移动互联网环境下，面对的是无边界的信息流和无边界的管理，员工、客户已经融为一体，企业需要合理调配信息资源、更好地进行内部沟通和外部沟通。李进兵（2005）指出，互联网可以使企业内部沟通跨越层级，减少信息的过滤与失真，沟通方式也可以变为全通道式。

知识型服务企业的生产过程及业务高度依托高科技和专业的知识、信息和经验，企业生产主要依靠的是知识转化。在知识转化的过程中，人与人之间的交流尤其重要，这就凸显了企业内部沟通的重要性。其生产过程中与客户的关系体现出个性化定制的特征，因此，与客户间存在高交互性，其服务、生产过程与客户的要求有着直接紧密的联系。这就要求知识密集型服务业与客户之间要保持良好的沟通状态，也凸显了外部沟通的重要性。

移动互联网在信息流方面的使用不受时空限制，信息获取传递方便及时，对企业组织沟通而言，无论从内部沟通还是外部沟通均带来极大的便利性，会对企业的沟通能力造成影响。因此，提出如下假设：

H1：移动互联网的时空因素直接正向影响管理沟通能力。

H2：移动互联网的便利性因素直接正向影响管理沟通能力。

（二） 移动互联网对企业决策能力的影响

马筠乔（2014）指出，移动互联网正在将企业从传统的决策为导向改变为以顾客为导向。Tichy（2008）在研究领导者的决策中指出，在优秀领导人的决策准备阶段，第一件事就是捕获周围环境发出的信号，获取相关的信息。在其定义的决策过程论中一个成果需要相关人员进行自上而下再向上的决策过程，要求有很好的信息传递能力。邱明锋（2013）指出，企业决策的关键点包含收集适应企业发展的信息、独特的商务信息、及时获取信息、准确获取信息及获取适用的信息。这些对信息获取能力及传递效率都提出了要求。郁朝阳（2006）指出，信息获取的数量、时间、种类、处理的及时性对复杂问题的决策起到关键作用。李湘露（2006）指出，企业决策支持系统的关键技术因素为信息数据的真实、实时和丰富，系统的响应时间和可靠性必须高。

刘敏（2007）对企业决策能力与信息量及信息能力的关系进行了深入研究，认为决策信息越充分，环境不确定性越小，决策方案的选择就越可靠，但是，大量决策信息会消耗人力、财力上的资源，花费大量时间消化信息以至于可能错失决策良机，冗余信息也会对有用信息的筛选和整合造成干扰。企业的决策能力在很大程度上取决于决策信息的获取、分析及传递能力。自进入网络时代以来，无论个人还是企业，所获取到的信息量呈爆发式的增长，移动互联网的出现让企业所面临的信息量越发巨大，难免会对企业的决策能力产生影响。

通过学者的研究可以总结出，决策离不开信息，决策的核心是对信息的整合。决策质量的高低与决策信息的质量、充分程度呈正相关。但是在如今的信息时代，决策者面临大量的信息，最大挑战在于对杂乱的信息进行甄别、筛选与整合，利用有用且充分的信息提出决策方案。缺乏对信息的处理能力，决策者就很难把握机遇，做出正确的决策。

移动互联网与传统的桌面互联网相比，在企业的决策信息获取传递能力方面有显著性地提升，同时，业务使用的时间、地点对企业能否及时决策也产生着重要的影响，通过以往学者对企业决策能力研究的文献可知，信息的获取及传递能力、业务使用的时空限制对企业的决策产生了重要的影响。因此，提出如下假设：

H3：移动互联网的时空因素直接正向影响企业决策能力。

H4：移动互联网的便利性因素直接正向影响企业决策能力。

此外，移动互联网通过移动设备传递的信息还包含地理位置信息，如图片、视频中包含拍摄的地点，用户也可以分享彼此的位置信息等。企业在进行决策时，获取的信息包含了地理位置信息，企业的决策者对决策信息准确性的判断，对决策信息的及时性都会产生正面影响。因此，提出如下假设：

H5：移动互联网的 LBS 特性因素直接正向影响企业决策能力。

（三）移动互联网及企业管理沟通能力对企业知识吸收能力的影响

很多学者对知识吸收能力的影响因素进行过直接或间接的研究，如刘常用和谢洪明（2003）从理论上分析了企业吸收外界知识的影响因素，包括受先验知识、研发投入、学习强度和方法、组织学习的机制等方面。Cohen 和 Levinthal（1990，1994）、Boynton（1994）、Nonaka 和 Takeuchi（1995）、Vinding（2000）等的研究均证明了先验知识水平是决定知识吸收能力的重要因素。Rothwell 和 Dodgson（1991）强调了企业的内部技术活动与外部知识积累相互补充的重要性，指出知识吸收能力还取决于个体吸收能力，提高个体吸收能力的手段是员工培训等。Welsch 等（2001）强调了沟通能力对知识吸收能力的作用，指出组织正式和非正式沟通网络，促使知识运动最大化。部门交流可以为内部知识转移创造机会，部门交流得好可以增强知识的社会化整合机制，提升知识的消化和转化能力。Huber（1991）认为企业通过获得二手知识，有助于提高企业的知识吸收能力，渠道包括专业性会议、公开发表物、供应商和顾客等。George（2001）通过实证研究证明，企业联盟的建立有助于提高企业的知识吸收能力。许小虎和项保华（2005）认为，知识吸收能力取决于社会网络的关系要素、结构要素等。吴伯翔等（2007）通过实证研究证明，企业与外部机构的联系紧密程度、企业内部员工间的互动等都是影响企业知识吸收能力的因素。

通过以上学者的研究可知，企业的知识吸收能力主要在于内部和外部两个方面，内部因素包括先验知识、个体吸收能力、企业沟通能力等，外部因素包括二手知识的获取能力、企业与外部其他组织的联系精密程度等。知识吸收能力的内部和外部因素都与企业的沟通能力有直接的关系，企业沟通能力直接影响着知识吸收能力。因此，提出如下假设：

H6：管理沟通能力因素正向影响知识吸收能力。

此外，虽然目前没有直接涉及移动互联网对知识吸收能力影响的研究，但是从客观上看，移动互联网信息使用的时空因素及获取传递因素会对先验知识、个体吸收能力、二手知识获取能力及与其他组织的联系产生影响。例如，通过移动互联网，企业员工可以更加方便地获取企业的先验知识，补充企业的知识库，也能够不受时间、地点限制获取二手知识，与其他组织产生更加紧密的联系。因此，提出如下假设：

H7：移动互联网的时空因素直接正向影响知识吸收能力。

H8：移动互联网的便利性因素直接正向影响知识吸收能力。

基于 H1 及 H2 移动互联网的时空因素及便利性因素正向影响企业管理沟通能力，H6 管理沟通能力正向影响知识吸收能力，本书认为管理沟通能力在移动互联网的时空因素、便利性因素与知识吸收能力之间起到中介作用。因此，提出如下假设：

H6a：管理沟通能力在时空因素与知识吸收能力的关系中起到中介作用。

H6b：管理沟通能力在便利性因素与知识吸收能力的关系中起到中介作用。

（四） 移动互联网便利性的中介作用

在移动互联网环境下，移动互联网有时空及便利性两大因素。这两大因素均会对企业的管理沟通能力、知识吸收能力及对企业决策能力产生直接的正向影响。移动互联网的时空因素体现在信息的使用不受时间、地点的限制，这对信息的获取、分享及业务使用的方便也会带来影响。那么，移动互联网的时空因素对企业核心能力的影响除直接效应外，还有部分效应是通过移动互联网的便利性因素来体现的。因此，提出如下假设：

H9：移动互联网的便利性在时空因素作用于企业核心能力方面具有中介作用。

H9a：移动互联网的便利性在时空因素与企业管理沟通能力的关系中起到中介作用。

H9b：移动互联网的便利性在时空因素与企业决策能力的关系中起到中介作用。

H9c：移动互联网的便利性在时空因素与企业知识吸收能力的关系中起到中介作用。

（五） 移动互联网对企业能力影响概念模型

由以上研究假设，得到如图 5-2 所示概念模型。

三、要素维度及理论模型

（一） 企业管理沟通能力维度划分

在管理沟通能力的维度划分方面，王敏（2014）在研究团队沟通对任务

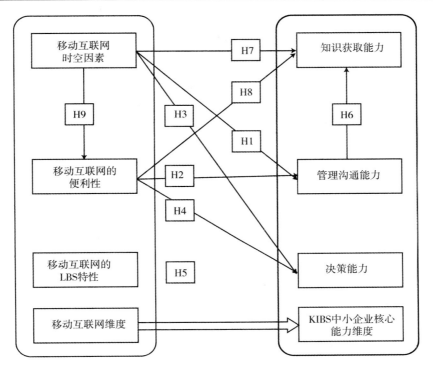

图 5-2 移动互联网对 KIBS 企业能力影响概念模型

绩效影响的研究中，将团队沟通能力维度划分为任务型沟通、私人性沟通及反应性沟通，组织内成员为完成任务进行的交流属于任务型沟通，团队成员在职业发展、情感生活等方面的沟通为私人性沟通，而反应性沟通则为关于任务进展情况反馈方面的信息。钱小军（2005）对企业沟通从纵向沟通、横向沟通、渠道沟通、非正式沟通、人际关系和沟通认知六个维度进行划分，来研究企业沟通满意度，其通过因子分析得出结论，上下级之间的沟通、沟通介质质量和沟通氛围因素对企业管理沟通能力影响较为稳定。邓丽芳（2008）对组织沟通能力的测量包括上下级沟通、同事关系、沟通开放性、信息的接收与发送、上司沟通主动性、上司沟通不良倾向、沟通氛围七个部分。王亚芬（2010）在测量员工沟通满意度的研究中，用上行沟通、横向沟通、沟通认知、信息反馈、工作信息、沟通氛围、沟通渠道、下行沟通作为沟通能力的测量标准。Roberts 和 O'Reilly（1974）将团队沟通细化为向上沟通、向下沟通、书面沟通、面对面沟通等 16 个维度。韩红蕾（2014）、刘晓鹏（2009）、陈亮（2005）、吕玲（2013）等学者把企业管理沟通分为内部沟通与外部沟通。内部沟通主要是企业内部人员的沟通，而外部沟通为企业与客户、供应商、政府部门等的沟通。在内部沟通上，可以分为同级之间的横向沟通和上下级之间的纵向沟通。

结合以上学者对企业管理沟通的研究，虽然各学者因研究的目的不同，对管理沟通划分的维度不尽相同，但对管理沟通能力的衡量主要包括组织内部沟通能力、外部沟通能力及沟通认知能力三个维度。内部沟通能力主要包括企业内部上下级之间、同级之间的沟通，外部沟通包括企业与供应商、客户、服务外包商等外界组织及个人的沟通。沟通认知主要为沟通过程中对沟通内容的容易理解程度。信息技术作为沟通介质，信息技术的改变在沟通的及时性、沟通的方式（文本、声音、图像等）方面都会对三个维度产生影响。结合以上学者的研究，本书将管理沟通能力维度按表 5-1 的方式进行了划分。

表 5-1　管理沟通能力维度划分

潜变量	研究维度	定义	相关研究
管理沟通能力	内部沟通	企业的内部横向及纵向沟通能力	韩红蕾（2014）、刘晓鹏（2009）、陈亮（2005）、吕玲（2013）、王亚芬（2010）、钱小军（2005）
	外部沟通	企业与供应商、客户、服务外包商等外界组织及个人的沟通能力	钱小军（2005）、韩红蕾（2014）、刘晓鹏（2009）、陈亮（2005）、吕玲（2013）
	沟通认知	沟通过程中对沟通内容的容易理解程度	钱小军（2005）、王亚芬（2010）

（二） 企业决策能力维度划分

在现代管理学中，决策有广义和狭义之分。广义决策认为，决策是实施过程，可表述为确定解决问题的标准—按重要程度对标准排序—提出解决问题的方案—对方案进行分析和评价—选择合适的实施方案（Lewis et al.，1998）。而狭义的决策为从可供选择的实施方案中挑选最终实施方案的过程（周三多，2000；杨洪兰，1996）。企业管理决策是指非日常的决策，通常是非结构化的、难以进行计算机处理、具有较高的不确定性、需要大量借助人的判断。

对于企业的决策能力研究，Vroom（1973）、Dooley 和 Fryxell（1999）等提出，企业的决策能力可以通过决策的质量和决策的速度两个维度来衡量。李志（2009）、刘敏（2007）将决策能力的度量维度分为发现问题的能力：从众多信息或者问题中找到关键问题的能力；信息整合能力：在大量的信息面前，构思出新颖的、较为完善的、盈利的方案的能力；超级联想能力：思维的发展和想象能力；独立思维能力：不受他人影响，独立判断和做出决策的能力；方案选择能力：面对多个方案选择优化方案的能力。汪丽（2012）对决策综合性的测量中将备选方案的数量及质量纳入测量指标。沙彦飞（2013）的企业家决策锚模型中，对决策能力的维度划分为责任力及创造力，认为就企业家决策备选方案的数量来看，有效决策主要与创造力有关；就可执行性与决策风险度控制而言，有效决策与责任力有关。刘喜怀（2016）在实证研究中将企业高管团队的决策绩效用决策质量和决策满意度两个测量变量进行测量。刘敏（2007）将决策能力的核心归结为对信息的创造性整合。衡量指标归纳为收集信息的能力，信息的正确性、信息整合及归纳能力。俞林（2012）在分析领导行为决策及影响因素时，对决策因素的测量采用了表明态度、表达意见、试验新设想、与部下沟通、接受建议五个维度。李湘露（2006）将决策能力的因素归结为决策信息数据的真实、实时和丰富及可靠。

综合相关学者的研究，企业的管理决策能力和核心要素是信息，信息的质量、数量、有效性及通过由决策团队针对决策信息进行筛选和归纳从而制定的决策备选方案对决策的质量和速度产生影响。此外，企业家的能力也对企业的管理决策能力产生至关重要的影响，由于本书研究是信息对企业管理决策能力的影响因素，因此，对企业管理决策能力的研究不考虑企业家素质的相关维度，仅将企业决策能力按如表5-2所示的标准划分维度。

表5-2 企业决策能力维度划分

	研究维度	定义	相关研究
企业决策能力	获取决策信息的能力	收集与决策相关的各类信息数量和及时性	刘敏（2007）、李湘露（2006）、李志（2009）
	决策信息整合及归纳能力	对决策信息进行筛选、整合及归纳	刘敏（2007）、汪丽（2012）、李志（2009）
	决策信息质量	决策信息的准确性、可靠性	李湘露（2006）

（三）企业知识吸收能力维度划分

在知识吸收能力的研究维度划分方面，从以往对相关学者对吸收能力的测量研究来看，知识吸收能力的测量经历了从单一因素到多因素再划分不同维度通过开发量表测量的发展过程。学者通常认为知识吸收能力是一个复杂的多维变量，难以准确度量。本书研究的重点是移动互联网的信息因素与企业能力的关系，知识吸收能力作为KIBS企业重要的能力之一，需要验证探讨移动互联网的信息因素与企业知识吸收能力内部各维度的关系以及移动互联网对知识吸收能力产生作用的途径，主要在参考朱学梅（2006）、Jansen（2005）、Jantunen（2005）、Nietoa和Quevedo（2005）、Andrawina（2008）、陈艳艳（2009）等研究的基础上，结合KIBS企业的特点来划分企业知识吸收能力的研究维度。

Cohen 和 Levinthal（1990）把知识吸收能力定义为企业识别外部新知识和信息的价值，将其消化吸收并应用于商业目的的能力，他们把知识吸收能力分为吸收知识、知识在企业内部进行转换、对知识进行利用产生效益三个部分。然而由于知识消化的复杂性，不同学者对其理解存在很大的出入。Lane 和 Lubatkin（1998）认为知识消化能力是用企业知识处理系统来获得、储存和转化外部知识的能力。Zahra 和 George（2002）在重新识别消化知识的过程中，提出获得能力、消化能力和转化能力三个互相联系的方面可诠释知识消化能力。Nieto 和 Quevedo（2005）基于 Zahra 和 George（2002）分解的四个维度，将知识吸收能力划分为知识获取能力、知识消化能力、知识转化能力及知识利用能力。朱学梅（2006）、陈艳艳（2009）、Andrawina（2008）等也延续四个维度的划分。结合 KIBS 企业的特点，其知识的获取不仅从企业外部获取，企业内部的原有知识在知识的利用过程中也能够产生新的知识，因此，本书将知识获取能力定义为搜寻、识别和获取知识的能力。对于知识转化能力，学者定义为企业把外部获取的知识与现有知识进行组合的能力，如 Nieto 和 Quevedo（2005）、Jansen（2005）等，考虑到 KIBS 企业的特点，知识的转化除从外部获取知识外，企业内部的知识也是知识转化的重要一环，因此，将朱学梅（2006）等学者定义的知识消化能力纳入知识转化能力的范畴，具体定义为企业将内外部新的知识与现有知识进行组合，产生新的知识的能力。对于知识利用能力，采用参照 Nieto 和 Quevedo（2005）、Jansen（2005）等学者的定义，界定为企业通过获得及转化的知识与现有知识整合并创造新产品的能力。本书研究对知识吸收能力的研究维度划分如表 5-3 所示。

（四）移动互联网对 KIBS 企业核心能力影响理论模型

由以上研究假设及要素维度划分，本书构建理论模型如图 5-3 所示，将在后续章节采用实证研究的方法，通过理论模型分析移动互联网的信息使用时空因素、便利性，包含 LBS 信息的三个特性对 KIBS 企业管理沟通能力、

表 5-3　知识吸收能力维度划分

研究维度	定义	相关研究
知识获取能力	搜寻、识别和获取知识的能力	陈艳艳（2009）、Nieto 和 Quevedo（2005）、Jansen（2005）、Jantunen（2005）
知识转化能力	内外部新的知识与现有知识进行组合，产生新知识的能力	
知识利用能力	企业通过获得及转化的知识与现有知识整合并创造新的产品的能力	

知识吸收能力及决策能力进行影响因素分析，同时，研究移动互联网通过管理沟通能力对知识吸收能力及决策能力的影响路径。

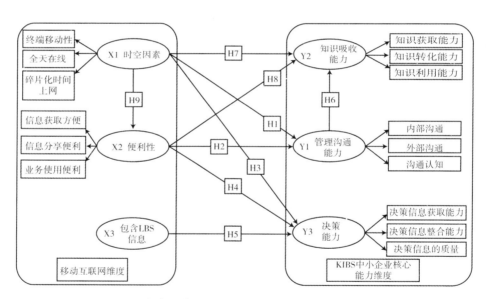

图 5-3　移动互联网对 KIBS 企业核心能力影响理论模型

四、本章小结

前文通过文献回顾、专家访谈、问卷调查等方法，对移动互联网及企业能力相关维度进行了研究，本章在此基础上，提出了移动互联网对 KIBS 企业核心能力及移动互联网各因素之间相互影响的假设（见表5-4），初步形成了移动互联网时空因素、便利性、LBS 特性与管理沟通能力、知识吸收能力及决策能力之间相互影响管理的理论框架，并基于所形成的研究假设构建了本书的概念模型。同时，还对企业管理沟通能力、知识吸收能力及决策能力进行了维度划分，针对 KIBS 企业的特点，将管理沟通能力划分为内部沟通、外部沟通及沟通认知三个维度；将知识吸收能力划分为知识获取、知识转化及知识利用；将决策能力划分为决策信息的获取能力、决策信息的归纳及整合能力、决策信息质量。根据研究假设和变量的维度划分，形成本书的理论模型，为下一章的实证研究打下基础。

表5-4　本书提出的假设汇总

序号	假设
H1	移动互联网时空因素直接正向影响管理沟通能力
H2	移动互联网的便利性直接正向影响管理沟通能力
H3	移动互联网时空因素直接正向影响企业决策能力
H4	移动互联网的便利性直接正向影响企业决策能力
H5	移动互联网的 LBS 特性直接正向影响企业决策能力
H6	管理沟通能力正向影响知识吸收能力
H6a	管理沟通能力在时空因素与知识吸收能力的关系中起到中介作用
H6b	管理沟通能力在便利性因素与知识吸收能力的关系中起到中介作用
H7	移动互联网的时空因素直接正向影响知识吸收能力
H8	移动互联网的便利性因素直接正向影响知识吸收能力

序号	假设
H9	移动互联网的便利性因素对时空因素作用于企业核心能力方面具有中介作用
H9a	移动互联网的便利性因素在时空因素与企业管理沟通能力的关系中起到中介作用
H9b	移动互联网的便利性因素在时空因素与企业决策能力的关系中起到中介作用
H9c	移动互联网的便利性因素在时空因素与企业知识吸收能力的关系中起到中介作用

第六章　实证研究

本章在上一章理论模型构建的基础上进行实证分析，实证分析分为三个过程。首先为实证研究设计，主要介绍调研方案、采用的研究方法及问卷的形成过程；其次为实证数据分析，采用问卷调查的形式对建构的初始模型进行验证并进行修正，形成本书研究的最终模型；最后为分析讨论部分，对实证研究的相关结论进行分析与讨论。

一、实证研究设计

（一）企业选择及调研方案

本书的研究对象范围为知识密集型服务业中小企业，调研对象为知识密集型服务业中小企业的高层管理人员。具体采用问卷调查方法进行。

对于调研企业的选择，按照中国国务院发展研究中心 2001 年第 99 号调研报告关于"知识密集型服务业"的界定，所指的知识型服务业包括金融、保险、教育、咨询服务、管理服务、法律服务、翻译服务、计算机软件与信息加工服务、商务组织服务、市场服务、人力资源服务等知识含量较高、需要一定专业技术水平和科研水平的服务行业。本书按此标准对知识密集型服务业进行界定，调研企业类别也依据此标准。

对于调研企业的选择，主要以云南的中小企业为主。为了提高问卷调查的信度及效度，利用中小企业发展研究院及云南省中小企业服务中心针对中小企业进行的培训过程中发放问卷调查。每次发放问卷前均对被调研人员详细解释问卷的填写方法及研究目的，并在培训结束后及时回收问卷。

（二）实证研究方法介绍

1. 效度和信度检验

效度（Validity）指测试或量表所能正确测量的特质程度，问卷的效度主要衡量测试结果与预定测量目标之间的差距，也就是问卷可以在何种程度上反映它所用来测量的理论概念（吴明隆，2009）。一个测验的效度越高，表示测试的结果越能显现其所欲测量对象的本质。本书采用内容效度及建构效度两种效度进行分析。

内容效度（Content Validity）是问卷所设计的题项是否能代表预先要测量的内容或者主题，其目的在于检查问卷内容的适用性和代表性。内容效度常以题目分布的合理性来判断，判断方法为：①测量工具是否可以真正测量到研究者需要测量的变量；②测试工具是否涵盖了所要测量的变量。为了确保问卷设计的有效性，本书所使用问卷尽量来自文献，对于修改了相关测量的问题，通过咨询相关领域专家并通过预测试进行修改。

建构效度（Construct Validity）指能够测量出理论的特质或概念的程度，即实际的测验分数能解释多少某一心理特质。通常衡量的效度越高，表示测量的结果越能显现其所欲测量对象的真正特征。建构效度分为收敛效度和区别效度。收敛效度是指相同概念里的项目，彼此之间相隔度高；区别效度是指不同概念里的项目，彼此相关度低。关于衡量建构效度的方法，最常用的为因子分析。同一构面中，因子负荷量越大（>0.5）表示收敛效度越高；每一个项目只能在其所属的构面中出现一个大于0.5以上的因子负荷值，符合这个条件的项目越多，则量表的区别效度越高。

信度（Reliability）即测验所得结果的一致性或稳定性，具体来说就是不同测量者采用同一测量工具所反映出的一致性水平。据此来考察相同条件下重复测量结果的相似程度，也就是说一组项目是不是在测量同一个概念。信度的衡量指标有三个：分别是稳定性、等值性及内部一致性，本书以内部一致性进行衡量。内部一致性主要衡量量表中同一构面所有题项是否在衡量同一构面，一般多以相关程度高低判定。本书采用库里信度（Kuder-richdson）中最常用的 Cronbach 所创立的 Cronbach's α（系数 α>0.7 为临界值）来检验各测量变量的信度。

2. 因子分析（EFA 及 CFA）

在问卷设计过程中虽然尽量参考了成熟量表，但是移动互联网的量表为首次使用，其他量表也进行过适当修改，因此，本书将采用探索性因子分析及验证性因子分析两种方法对量表的效度和信度进行检验。

探索性因子分析是一项用来找出多元观测变量的本质结构，并进行处理降维的方法。其主要作用及目的是确认量表因素结构或一组变量的模型，常考虑的是要决定多少个因素和构念及因素负荷量的组型如何（吴明隆，2009）。

验证性因子分析（Confirmatory Factor Analysis，CFA）指基于变量的协方差矩阵来分析变量之间关系的一种统计方法，主要偏重检验假定的观察变量与假定的潜在变量之间的关系。

本书在预测试及正式实证调查研究阶段，均将检验各测量模型的信度、效度，其内容、程序与标准如下：

（1）分析各变量测量指标的维度结构。采用探索性因子分析方法分析各变量测量指标的维度数及各变量某一特定维度的一维性程度。在对各变量测量指标进行因子分析进行 KMO 样本测度与 Bartlett 球形检验（吴明隆，2010）。KMO 值参照 Kaiser（1974）提出的标准，以 KMO 值大于 0.5 作为标准来判定数据是否适合进行因子分析。

（2）内部一致性、聚合效度、信度 R^2 等。分析各变量（或维度）相应各测量指标的内部一致性、聚合效度、信度 R^2 与测量误差的界定问题，以及各潜变量（或维度）的组合信度与平均方差抽取量（AVE）。

采用通常的 Cronbach's α 系数大于或等于 0.7 作为可被接受的临界值标准。

在 CFA 中，用标准化估计值 λ 作为观察变量对其潜变量（或维度）因子负载。采用吴明隆（2010）的观点，当因子负载介于 0.5~0.95，且 T 值大于相应显著水平下临界值时，则该潜变量（或维度）各测量指标在该显著水平下具有良好的聚合效度。

用平方复相关系数值 R^2 作为各测量指标（观察变量）的信度指标，用于测量某观察变量被其所反映之潜在变量解释的程度。采用吴明隆（2010）的观点，认为 R^2 应该大于 0.5。

用组合信度（Composite Reliability）作为潜变量的建构信度（Construct Reliability），采用吴明隆（2010）的观点，将 0.6 作为各潜变量建构信度能否被接受的临界标准。

平均方差抽取量（Average Variance Extracted，AVE）是一个与组合信度类似的指标，可以直接显示被潜在构念所解释的变异量有多少来自测量误差。AVE 值越大，指标变量被潜在变量解释的变异量百分比越大，相对的测量误差就越小，本书的判别标准为大于 0.5。

对于构建信度 ρ_c 及平均方差抽取量采用吴明隆的构建信度计算器进行。

3. SEM 方法选择及模型拟合指数标准

由于本书的实证研究采用结构方程进行分析，对于结构方程模型的参数估计计算方法，若数据分布属极端分布，则严重偏离正态性数据，不宜采用最大似然估计法（Maximum Likelihood Estimates，ML）或一般化最小平方法（Generalized Least Squares，GLS），可采用自由分配法（Asymptotically Distribution-free）。

本书按照吴明隆（2013）的标准判断是否能采用 ML 法进行结构方程模型的参数估计计算，即峰度值（Kurtosis）小于 10 且偏度值（Skewness）小于 3，可以采用 ML 法进行结构方程的参数估计计算。

对于结构方程模型的拟合指数，根据吴明隆（2010）和管理学者在实际研究中的做法（Bollen et al.，2007），拟采用模型拟合指数及相应适配标准，如表6-1所示。

表6-1　CFA 模型拟合指数适配标准

指标	判断标准	标准来源
X^2/df	<3	Chin &Todd（1995）
GFI	>0.9	Browne & Cudeck（1993）
AGFI	>0.9	Hair et al.（1998）
RMSEA	<0.08	Hu & Bentler（1998）
RMR	<0.05	Bollen，Joreskog & Sorbom（2007）
NFI	>0.9	Hair et al.（1998）
IFI	>0.9	Hair et al.（1998）
CFI	>0.9	Rentier（1986）

4. 中介作用检验程序

对于中介效应的检验，按照温忠麟等（2005）提出的检测程序进行，相关程序如图6-1所示。

5. 问卷设计过程

本书研究所需数据采用问卷调查的方式获取，对于问卷的测试量表，根据 Hinkin（1995）和李怀祖（2004）的观点进行开发，分为题项生成、专家认可、预测试检验三个阶段，按如下步骤进行。

（1）文献分析。大量阅读移动互联网及企业能力相关领域的文献，进行归纳总结以发现现有研究中关于两个领域相关测量的有益结论，整理出相关测量量表。在企业能力维度方面，主要通过文献分析的方法选用各国学者使用过的量表生成初始量表。

（2）征求专家意见。对于移动互联网的时空因素、便利性及 LBS 特性，因其为本书通过探索性因子分析总结的研究维度，尚缺乏可供参考的文献资料，初始量表采用专家访谈的形式生成。此外，在完成问卷初稿后，我们还

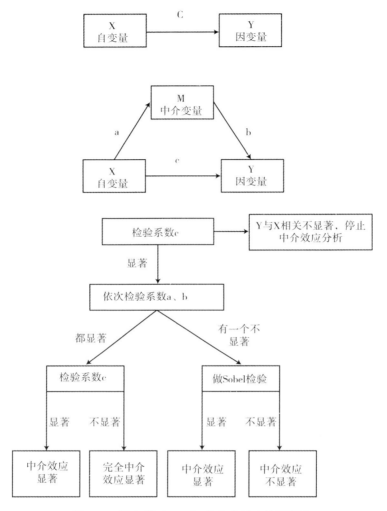

图 6-1　温忠麟（2005）的中介效应检测程序

　　向相关领域的专家征求了意见。先后向两位管理学教授、三位信息技术领域教授、五位企业家及三位管理学博士生征求了意见，形成了初步预调查的初始问卷。

　　（3）预测试检验及问卷修改。由于移动互联网维度的研究量表较少，同时，研究移动互联网对企业能力影响的实证研究也很缺乏，为了保障大规模调查问卷的信度及效度，在完成了初始问卷设计后，我们在两期中小企业服务中心对企业高层管理人员培训班中进行了调查，共获取调查问卷 58 份。通过对 58 份问卷进行小样本测试，对问卷进行了修改。

（三）初始量表设计

1. 信息使用时空因素、便利性因素量表

信息使用时空因素、获取及传递因素的量表采用专家访谈的形式生成，并通过了预测试调查，最终量表如表 6-2 所示。

表 6-2　移动互联网维度测试量表

测试变量	题项
终端移动性	访问网络的设备应可以移动，不受地点的限制
	除了在办公室和家以外，在其他场合也可以访问网络
全天在线	访问网络的设备可以全天 24 小时在线
	在非工作时间可以接收工作信息
包含 LBS 信息	终端设备能够提供使用者的位置信息
	与沟通对象之间彼此共享位置信息
	获取到的图片、音视频信息中包含地理位置信息
碎片化时间上网	利用碎片时间随时跟进信息的更新
	零碎时间的利用，能够提高工作效率
	闲散时间也能够处理工作
信息获取方便	工作中方便快捷地获取视频、语音、文字等信息
	工作中与文字记录相比，采用拍照、录音等方式来获取信息
	用拍照、录音等方式对工作信息进行记录
信息共享便利	工作中能够将获取到的信息方便地分享给团队
	工作中能够与关联企业方便地共享相关信息
	工作中能够与相关政府部门方便地共享相关信息
业务使用便利	应用软件的用户界面友好，操作简单
	管理信息系统采用触屏、手势识别、语音等操作方式
	管理信息系统直观，菜单层级少

2. 管理沟通能力量表

在整合各国学者对企业管理沟通能力研究的基础上，本书提出管理沟通能力的内部沟通、外部沟通及沟通认知三个研究维度。参考万洁平（2002）、Chen 等（2005）、Sambasivan（2011）等进行的管理沟通能力研究中采用过的量表，并进行整合，提出本书测量量表，如表6-3 所示。

表6-3　管理沟通能力测试量表

内部沟通	企业内部上下级之间具有双向沟通机制
	企业内部相关人员能够无保留地彼此分享重要信息
	企业内部团队成员之间能够很好地互相告知完成任务所需的相关信息
	企业内部有很好的沟通氛围
外部沟通	与关联企业间具有双向沟通机制
	与关联企业无保留地与对方分享重要信息
	能够淡化企业外部边界，与客户、外包服务商融为一体的交流
	与外包服务商之间的有效沟通是让我把更多工作进行服务外包的前提
	常用非正式及私人性沟通的方式进行交流
沟通认知	进行内部、外部沟通过程中采用音视频信息更能够准确地理解彼此发出的信息
	进行内部、外部沟通过程中采用音视频信息更能够保障所传递信息的准确性
	与传统的文本、电话等方式相比，采用音视频等多媒体信息来进行沟通效果更好

3. 决策能力量表

在整合各国学者对企业决策能力研究的基础上，本书提出企业决策能力的收集决策信息的能力、对决策信息整合及归纳的能力及决策信息的质量 3 个研究维度。参考刘敏（2007）、李志（2009）的研究量表，提出本书的测试量表，由于研究角度与其他学者存在差异，为保证测试的效度，在制定初步测试量表的基础上，通过对相关专家的访谈，请专家对量表进行修改，在吸取多位专家的意见后，最终提出本书测试量表，如表6-4 所示。

表 6-4　决策能力测试量表

收集决策信息的能力	决策时获取尽量多的相关信息
	能够方便快捷地获取到与决策相关的信息
	从多重渠道获取决策信息
决策信息整合及归纳能力	各类决策信息进行相互校验
	高效地对决策信息进行筛选
	利用有效的工具对决策信息进行整合及归纳
决策信息的质量	决策团队进行决策时，能够获取到与决策关系密切的数据
	决策团队进行决策时，所获取决策信息的真实性
	决策团队制定决策时，深入搜寻有关信息
	决策团队制定决策时，排除不相关的无效信息

4. 知识吸收能力量表

知识吸收能力的维度可划分为知识获取、知识转化及知识利用。陈艳艳（2009）、Nieto 和 Quevedo（2005）、Jansen（2005）、Jantunen（2005）等在对知识吸收能力的研究中制作了大量的成熟量表，针对知识密集型服务业企业的特点，在量表选择上，参考了陈艳艳（2009）等的成熟量表，制定了本书所用的知识吸收能力测量量表，如表 6-5 所示。

表 6-5　知识吸收能力测试量表

知识获取能力	经常与相关客户接触，以了解客户的需要
	经常去高等院校、科研院所等机构搜集相关的信息
	了解同行业竞争对手的技术发展情况
	指派专人定期搜集相关领域的专业信息
知识转化能力	定期召开经验分享会，对相关领域的专业知识进行交流
	建立一个知识共享平台，让员工随时可以掌握了解相关领域的专业知识
	员工能够简单有效地分享各种学习资料，交流经验
	员工间主动分享实践经验和信息的氛围
	公司建立一个存储各类工作相关信息的数据库

	在现有产品的基础上改进推出新产品
知识利用能力	将研发人员的报酬与其对创新做出的贡献程度相关联
	利用获取到的新技术，推出新产品
	根据客户的需求，组织人员研发新产品

（四）问卷预测试

由于移动互联网维度没有成熟量表，本书的研究量表采用专家访谈的方式制作，在企业核心能力研究维度上，虽然有大量成熟量表，但需针对本研究的特点，我们进行了少量修改。为了保障大规模调查问卷的信度及效度，在完成了初始问卷设计后，进行了问卷预测试，主要包括信度效度分析及结构方程的测量模型分析，并最终依据分析的结果对初始量表进行修改，形成实质研究所需的最终调查问卷。

1. 预测试数据收集情况

在两期中小企业服务中心对企业高层管理人员培训班中进行了调查，对被调查对象进行了本次调查目的的详细解释，同时，在回收问卷后，还对被调查对象进行简短的访谈。本次调查共发放问卷 80 份，回收 62 份，有效问卷 58 份。

2. 预测试样本特征

（1）被调查者使用手机上网情况，如表 6-6 所示。

表 6-6　预调查问卷使用手机上网比例

项目		频率	占比（%）	有效占比（%）	累计占比（%）
有效	是	54	93.1	93.1	93.1
	否	4	6.9	6.9	100.0
合计		58	100.0	100.0	

被调查者使用手机上网非常普遍，比例达到了 93.1%，说明移动互联网的普及应用程度在中小企业管理者中非常高。

（2）被调查者单位使用手机上网情况。如表 6-7 所示。

表 6-7　预调查问卷单位手机上网人数比例

	项目	频率	占比（%）	有效占比（%）	累计占比（%）
有效	少部分使用	4	6.9	6.9	6.9
	大部分使用	52	89.7	89.7	96.6
	不清楚	2	3.4	3.4	100.0
合计		58	100.0	100.0	

由调查数据可知，58 份有效问卷中，选项"基本没有用"没有人选，89.7% 的被调查单位均是大部分人使用手机上网，说明移动互联网的普及率非常高。

（3）被调查单位员工人数。如表 6-8 所示。

表 6-8　预调查问卷单位员工人数

	项目	频率	占比（%）	有效占比（%）	累计占比（%）
有效	<10	5	8.6	8.6	8.6
	11~50	27	46.6	46.6	55.2
	51~100	19	32.8	32.8	87.9
	>100	7	12.1	12.1	100.0
合计		58	100.0	100.0	

被调查企业员工人数主要集中在 11~50 人，比例为 46.6%，51~100 人的比例为 32.8%，只有 7 家企业员工人数超过了 100 人。

（4）被调查单位成立时间。如表 6-9 所示。

表 6-9　预调查问卷单位成立时间

项目		频率	占比（%）	有效占比（%）	累计占比（%）
有效	<1	4	6.9	6.9	6.9
	1~5	27	46.6	46.6	53.4
	6~10	18	31.0	31.0	84.5
	>10	9	15.5	15.5	100.0
	合计	58	100.0	100.0	

被调查企业成立时间集中在 1~5 年，占比为 46.6%。

（5）行业特征。如表 6-10 所示。

表 6-10　预调查问卷行业分类

项目		频率	占比（%）	有效占比（%）	累计占比（%）
有效	咨询服务	12	20.7	20.7	20.7
	财会服务	7	12.1	12.1	32.8
	知识产权服务	2	3.4	3.4	36.2
	信息技术服务	10	17.2	17.2	53.4
	金融服务	5	8.6	8.6	62.1
	生产技术服务	4	6.9	6.9	69.0
	工程设计服务	7	12.1	12.1	81.0
	法律服务	3	5.2	5.2	86.2
	教育行业	6	10.3	10.3	96.6
	科研服务	1	1.7	1.7	98.3
	文化交流	1	1.7	1.7	100.0
合计		58	100.0	100.0	

在行业特征中，信息技术服务企业及咨询服务企业比例最大，分别达到 17.2% 及 20.7%，翻译服务类企业缺失。

3. 预测试信效度检验

（1）移动互联网使用时空因素构面检验。对于时空因素构面全部测量指标进行 KMO 样本和 Bartlett 球形度检验结果如表 6-11 所示，KMO 系数为

0.717，介于 0.6~0.8，为可接受。显著性概率 0.000，远小于 0.01 的标准，表明此测量数据进行因子分析是可以接受的。

表 6-11　预调查问卷时空因素构面 KMO 及 Bartlett 球形度检验

KMO 值		0.717
Bartlett 的球形度检验	近似卡方	185.089
	df	21
	Sig.	0.000

3 个维度的 Cronbach's α 系数如表 6-12 所示，均大于 0.7 的参考值。

表 6-12　预调查问卷时空因素构面 α 系数

变量	Cronbach's Alpha	项数
时空因素	0.802410931	7
终端移动性	0.898	2
全天在线	0.736	2
碎片化时间上网	0.735	3

按图 6-2 模型对终端移动性、全天在线、碎片化时间上网进行验证性因子分析 CFA，结果如表 6-13 所示。

表 6-13 中，终端移动性、全天在线、碎片化时间上网的各测量指标因子负荷 C. R. 值（T 值）最低为 4.665，远超临界值 2.58，表明各指标对相应维度的因子负载均显著大于 0。而且，各指标因子负载完全标准化值最低为 0.718，最高为 0.96，接近 0.95 的上线，表明 3 个维度具有良好的聚合效度。由 R^2 可知，各维度测量指标信度值最低为 0.52，表明 3 个维度均具有较好的信度。由组合信度栏可知，3 个维度组合信度均大于 0.6 的标准，表明各维度具有良好的建构信度。由 AVE 值可知，3 个维度均大于 0.5 的标准，表明各维度测量指标的方差只有少数来自误差变异。

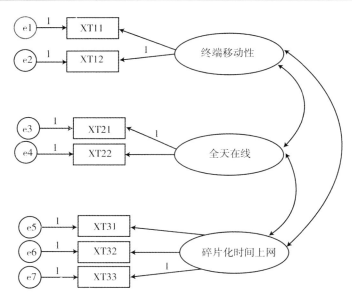

图 6-2　预测试移动互联网时空因素 CFA 分析模型

表 6-13　预测试移动互联网时空因素 CFA 分析结果

维度	指标	因子负载				信、效度值		
		非标准化	标准误	T 值	标准化	$R^2 > 0.5$	组合信度	AVE>0.5
终端移动性	XT11	0.878	0.102	8.605	0.868	0.753424	0.9114	0.8375
	XT12	1			0.96	0.9216		
全天在线	XT21	1			0.84	0.7056	0.7824	0.6431
	XT22	0.782	0.135	5.798	0.762	0.580644		
碎片化时间上网	XT31	0.921	0.183	5.041	0.774	0.599076	0.7977	0.5861
	XT32	0.739	0.158	4.665	0.718	0.515524		
	XT33	1			0.768	0.589824		
拟合指标	χ^2/df	GFI	AGFI	RMSEA	RMR	NFI	IFI	CFI
参考标准	<3	>0.9	>0.9	<0.08	<0.05	>0.9	>0.9	>0.9
测试标准	1.205	0.943	0.856	0.059	0.054	0.94	0.989	0.989

由各拟合指数可以看出，除 RMR 为 0.054，接近参考标准外，其他项拟合指数均符合标准要求，表明本模型对于样本数据的拟合情况较为理想。

通过对移动互联网使用时空因素构面的检验可知,对于该构面的问卷量表设计可以达到大规模测试的要求。

（2）移动互联网使用便利性构面检验。对于时空因素构面全部测量指标进行 KMO 样本和 Bartlett 球形度检验结果如表 6-14 所示,KMO 系数为0.770,介于 0.6~0.8,为可接受。显著性概率 0.000,远小于 0.01 的标准,表明此测量数据进行因子分析是可以接受的。

表 6-14 预调查问卷便利性因素构面 KMO 及 Bartlett 球形度检验

KMO 值		0.770
Bartlett 球形度检验	近似卡方	207.053
	df	36
	Sig.	0.000

3 个维度的 Cronbach's α 系数如表 6-15 所示,均大于 0.7 的参考值。但是业务使用便利 α 值仅为 0.703,已经接近参考值下限,表明业务使用便利维度测量指标样本数据内部一致性有问题,具体题项可通过 CFA 分析进行查找。

表 6-15 预调查问卷便利性因素构面 α 系数

变量	Cronbach's Alpha	项数
使用便利	0.81	9
信息获取方便	0.833	3
信息共享方便	0.833	2
业务使用便利	0.703	3

按图 6-3 模型对终端移动性、全天在线、碎片化时间上网进行验证性因子分析 CFA,结果如表 6-16 所示。

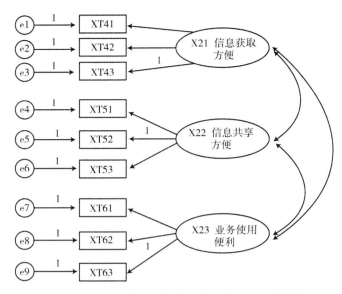

图 6-3　预测试移动互联网便利性因素 CFA 分析模型

表 6-16　预测试移动互联网便利性因素 CFA 分析结果

维度	指标	因子负载				信、效度值		
		非标准化	标准误	T 值	标准化	R²>0.5	组合信度	AVE>0.5
信息获取方便	XT41	0.973	0.163	5.976	0.78	0.6084	0.8354	0.6295
	XT42	0.859	0.152	5.656	0.734			
	XT43	1			0.861	0.741321		
信息共享方便	XT51	0.829	0.142	5.85	0.722	0.521284	0.8436	0.645
	XT52	1			0.911			
	XT53	0.942	0.151	6.223	0.764	0.583696		
业务使用便利	XT61	1			0.868	0.753424	0.7212	0.4898
	XT62	0.34	0.145	2.344	0.353	0.124609		
	XT63	0.931	0.248	3.753	0.769	0.591361		
拟合指标	χ^2/df	GFI	AGFI	RMSEA	RMR	NFI	IFI	CFI
参考标准	<3	>0.9	>0.9	<0.08	<0.05	>0.9	>0.9	>0.9
测试标准	0.809	0.932	0.873	0	0.049	0.912	1.023	1

表 6-16 中，信息获取方便、信息共享方便、业务使用便利的各测量指

标因子负荷 C. R. 值（T 值）除 XT62 为 2.344 外，其他均远超临界值 2.58，表明除 XT62 外，其余指标对相应维度的因子负载均显著大于 0。而且，各指标因子负载完全标准化值最低为 XT62，仅为 0.535，其余各项均在参考范围内。由 R^2 可知，各维度测量指标信度值除 XT62 外，其余最低为 0.52，表明其余指标均具有较好的信度。由组合信度栏可知，3 个维度组合信度均大于 0.6 的标准，表明各维度具有良好的建构信度。由 AVE 值可知，3 个维度均大于 0.5 的标准，表明各维度测量指标的方差只有少数来自误差变异。

通过分析可知，XT62 题项，管理信息系统采用触屏、手势识别、语音等操作方式题目设计有问题。通过对部分手机用户的调查发现，部分用户认为采用触屏、手势识别、语音等操作方式，有的 APP 软件准确性较低，如果用于正式的管理信息系统，可能对工作产生影响，同时，在工作中需要输入文字，与键盘输入相比，触屏等方式输入文字存在极大的不便。因此，本题项与其他题目相比一致性较差。经过修改，本题项最终改为在不进行文字输入的情况下，管理信息系统采用触屏、手势识别、语音等操作方式。

（3）包含 LBS 信息检验。对于包含 LBS 信息 3 个测量指标进行 KMO 样本和 Bartlett 球形度检验结果如表 6-17 所示，KMO 系数为 0.710，介于 0.6~0.8，为可接受。显著性概率 0.000，远小于 0.01 的标准，表明此测量数据进行因子分析是可以接受的。

表 6-17 预调查问卷 LBS 因素 KMO 及 Bartlett 球形度检验

KMO 值		0.710
Bartlett 球形度检验	近似卡方	55.565
	df	3
	Sig.	0.000

包含 LBS 信息只有一个维度，包含 3 个测量指标的 Cronbach's α 系数如表 6-18 所示，大于 0.7 的参考值。

表 6-18　预调查问卷 LBS 因素 α 系数

变量	Cronbach's Alpha	项数
包含 LBS 信息	0.81	3

（4）管理沟通能力构面检验。对于管理沟通能力构面全部测量指标进行 KMO 样本和 Bartlett 球形度检验结果如表 6-19 所示，KMO 系数为 0.731，介于 0.6~0.8，为可接受。显著性概率 0.000，远小于 0.01 的标准，表明此测量数据进行因子分析是可以接受的。

表 6-19　预调查问卷管理沟通能力构面 KMO 及 Bartlett 球形度检验

KMO 值		0.731
Bartlett 球形度检验	近似卡方	270.466
	df	66
	Sig.	0.000

3 个维度的 Cronbach's α 系数如表 6-20 所示，外部沟通达不到 0.7 的参考值。表明外部沟通使用测量指标样本数据内部一致性有问题，具体题项通过 CFA 分析进行查找。

表 6-20　预调查问卷管理沟通能力构面 α 系数

变量	Cronbach's Alpha	项数
管理沟通能力	0.803	12
内部沟通	0.778	5
外部沟通	0.678	4
沟通认知	0.787	3

按图 6-4 模型对内部沟通、外部沟通及沟通认知进行验证性因子分析 CFA。

由图 6-4 可知，测量变量 YT15 标准化路径系数仅为 0.12，YT22 标准化路径系数仅为 0.10，均达不到显著性水平。进一步分析题项，YT15 问题为

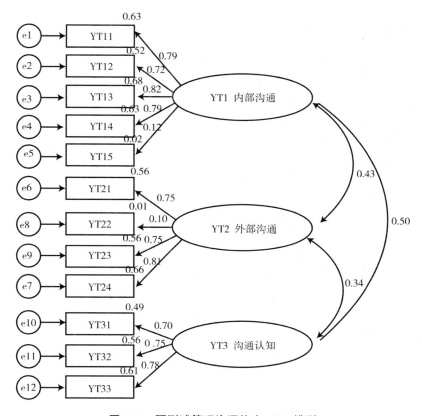

图 6-4　预测试管理沟通能力 CFA 模型

"非正式及私人性沟通的方式进行交流"，YT22 问题为"与关联企业无保留地与对方分享重要信息"。采用电话方式对参与问卷测试的部分人员进行回访，通过回访我们发现存在如下问题：①很多企业并不提倡私人沟通方式，认为会带来责任划分上的问题，而且过多的私人性沟通处理工作事务会影响工作效率；②与关联企业的信息分享固然重要，但是无保留的问法存在问题。

由于本次问卷题项较多，对于这两项有争议的问题如果删除，不影响潜变量的测试，故删除两个问题后再次拟合模型。

模型路径系数如图 6-5 所示。

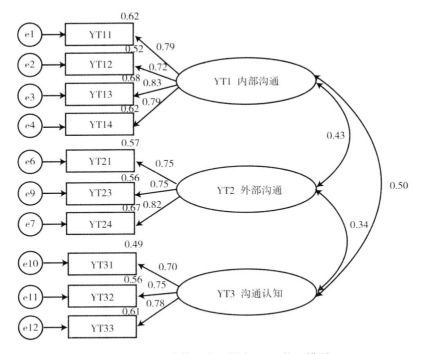

图 6-5　预测试管理沟通能力 CFA 修正模型

删除 YT15 及 YT22 后 KMO 样本和 Bartlett 球形度检验结果如表 6-21 所示，KMO 系数为 0.782，介于 0.6～0.8，为可接受。显著性概率 0.000，远小于 0.01 的标准，表明此测量数据进行因子分析是可以接受的。

表 6-21　预调查问卷管理沟通能力构面修正题项后 α 系数

KMO 值		0.782
Bartlett 球形度检验	近似卡方	253.811
	df	45
	Sig.	0.000

进一步进行因子分析，结果如表 6-22 至表 6-24 所示。

表 6-22 预调查问卷管理沟通能力构面修正题项后公因子方差

	初始	提取
YT11	1.000	0.778
YT12	1.000	0.653
YT13	1.000	0.755
YT14	1.000	0.685
YT21	1.000	0.673
YT23	1.000	0.801
YT24	1.000	0.780
YT31	1.000	0.757
YT32	1.000	0.691
YT33	1.000	0.753

注：提取方法为主成分分析。

表 6-23 预调查问卷管理沟通能力构面修正题项后解释总方差

成分	初始特征值			提取平方和载入		
	合计	方差的 %	累计 %	合计	方差的 %	累计 %
1	4.154	41.539	41.539	4.154	41.539	41.539
2	1.680	16.799	58.338	1.680	16.799	58.338
3	1.492	14.918	73.256	1.492	14.918	73.256
4	0.584	5.837	79.093			
5	0.553	5.527	84.620			
6	0.408	4.076	88.696			
7	0.355	3.549	92.246			
8	0.290	2.897	95.142			
9	0.270	2.703	97.845			
10	0.215	2.155	100.000			

注：提取方法为主成分分析。

表 6-24 预调查问卷管理沟通能力构面修正题项后成分矩阵

	成分		
	1	2	3
YT11	0.703	−0.261	−0.464
YT12	0.739	−0.048	−0.325
YT13	0.750	−0.288	−0.331
YT14	0.743	−0.089	−0.354
YT21	0.638	0.508	0.085
YT23	0.463	0.766	−0.012
YT24	0.618	0.587	0.232
YT31	0.505	−0.175	0.687
YT32	0.601	−0.257	0.514
YT33	0.617	−0.482	0.374

注：提取方法为主成分分析。

由表 6-24 可以看出，提取到的 3 个主成分正好与问卷测量内容相一致，表明删除题项后问卷可以接受。

3 个维度的 Cronbach's α 系数如表 6-25 所示，删除题项的内部沟通及外部沟通 α 系数大幅提高，分别达到了 0.862 及 0.814，表明内部一致性可靠。

表 6-25 预调查问卷管理沟通能力构面修正题项后 α 系数

变量	Cronbach's Alpha	项数
管理沟通能力	0.837	10
内部沟通	0.862	4
外部沟通	0.814	3
沟通认知	0.787	3

表 6-26　预测试管理沟通能力 CFA 修正后分析结果

维度	指标	因子负载				信、效度值		
		非标准化	标准误	T 值	标准化	R²>0.5	组合信度	AVE>0.5
内部沟通	YT11	1			0.79	0.6241	0.864	0.6141
	YT12	0.828	0.148	5.598	0.724	0.524176		
	YT13	0.974	0.156	6.224	0.827	0.683929		
	YT14	0.992	0.163	6.089	0.79	0.6241		
外部沟通	YT21	0.797	0.163	4.884	0.753	0.567009	0.816	0.597
	YT23	0.849	0.163	5.206	0.747	0.558009		
	YT24	1			0.816	0.665856		
沟通认知	YT31	0.801	0.182	4.394	0.699	0.488601	0.7868	0.5521
	YT32	0.933	0.213	4.388	0.75	0.5625		
	YT33	1			0.778	0.605284		
拟合指标	χ^2/df	GFI	AGFI	RMSEA	RMR	NFI	IFI	CFI
参考标准	<3	>0.9	>0.9	<0.08	<0.05	>0.9	>0.9	>0.9
测试标准	1.306	0.881	0.795	0.073	0.057	0.847	0.96	0.957

如表 6-26 所示，内部沟通、外部沟通、沟通认知的各测量指标因子负荷 C.R. 值（T 值）除均远超过临界值 2.58。由组合信度栏可知，3 个维度组合信度均大于 0.6 的标准，表明各维度具有良好的建构信度。由 AVE 值可知，3 个维度均大于 0.5 的标准，表明各维度测量指标的方差只有少数来自误差变异。本表未达标项如 GFI 等拟合度指标、YT31 的标准化系数及 R^2 值已经非常接近参考标准，分析原因为本次测试为预测试，样本量较少，此外，还存在两个被删除题项，会对被访者产生一定的干扰。因此，管理沟通能力构面方面的问卷测试题目在删除问题项后达到了大规模问卷测试的标准。

（5）知识吸收能力构面检验。对于知识吸收能力构面全部测量指标进行 KMO 样本和 Bartlett 球形度检验结果如表 6-27 所示，KMO 系数为 0.764，介于 0.6~0.8，为可接受。显著性概率 0.000，远小于 0.01 的标准，表明此测量数据进行因子分析是可以接受的。

表 6-27　预调查问卷知识吸收能力构面 KMO 及 Bartlett 球形度检验

KMO 值		0.764
Bartlett 球形度检验	近似卡方	437.400
	df	78
	Sig.	0.000

3 个维度的 Cronbach's α 系数如表 6-28 所示，均大于 0.7 的参考值。

表 6-28　预调查问卷知识吸收能力构面 α 系数

变量	Cronbach's Alpha	项数
知识吸收能力	0.884	13
知识获取	0.862	4
知识转化	0.814	3
知识利用	0.787	3

对知识获取、知识转化、知识利用进行验证性因子分析 CFA，各测量变量路径系数如图 6-6 所示。

由图 6-6 可知，测量变量 YT44 标准化路径系数为 0.43、YT55 标准化路径系数为 0.54、YT62 标准化路径系数为 0.43，均达不到显著性水平。进一步分析题项，YT44 问题为"指派专人定期搜集相关领域的专业信息"，YT55 问题为"公司建立一个存储各类工作相关信息的数据库"，YT62 为"将研发人员的报酬与其对创新做出的贡献程度相关联"。采用电话方式对参与问卷测试的部分人员进行回访，通过回访发现存在如下问题：由于本次参与调研的企业绝大多数为人数较少的中小企业，企业员工多身兼数职，如果指派专人来收集信息会提高企业运作成本，那么，本题目的问法存在问题。而建立一个存储各类工作相关信息的数据库，参与调查的很多企业认为成本太高，而企业规模较小，不会将更多的钱投入到建立数据库上。因此，本题目的问法存在问题，因为数据库的用语对非 IT 企业太专业，导致产生歧义。关于研发人员的报酬与其对创新做出的贡献题项，回访中得知，很多企业认为创新

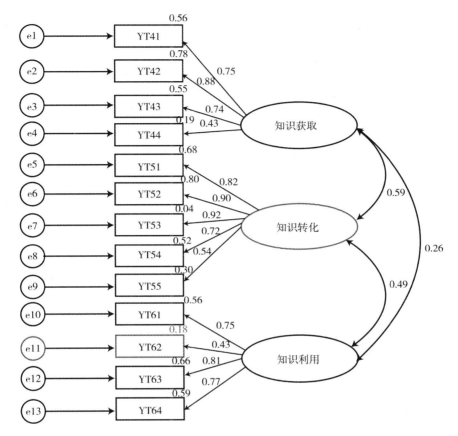

图 6-6 预测试知识吸收能力 CFA 分析模型

的贡献程度在知识密集型企业中很难量化，将创新贡献度与报酬相关联，虽然是很好的管理策略，但是可操作性较低。

此外，通过回访发现本次问卷题目较多，受访者答卷时间基本都超过 20 分钟，因此，对于本构面有问题的题目，采用删除的方法处理。在回访中发现，有部分企业认为 YT54："员工间主动分享实践经验和信息的氛围"与移动互联网的应用关联度不大，因此，也决定删除此题。

删除 4 个题目后的测量模型如图 6-7 所示。

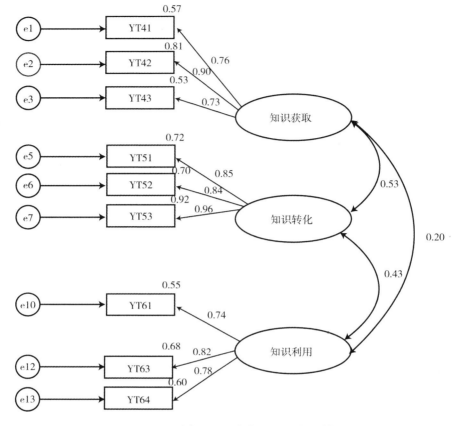

图 6-7　预测试知识吸收能力 CFA 修正模型

KMO 样本和 Bartlett 球形度检验，KMO 系数满足>0.7 的标准，如表 6-29 所示。

表 6-29　预调查问卷知识吸收能力构面修正后 KMO 及 Bartlett 球形度检验

KMO 值		0.709
Bartlett 球形度检验	近似卡方	316.367
	df	36
	Sig.	0.000

进一步进行因子分析，结果如表 6-30 至表 6-32 所示。

表 6-30 预调查问卷知识吸收能力构面修正题项后公因子方差

	初始	提取
YT41	1.000	0.720
YT42	1.000	0.905
YT43	1.000	0.725
YT51	1.000	0.841
YT52	1.000	0.800
YT53	1.000	0.910
YT61	1.000	0.720
YT63	1.000	0.803
YT64	1.000	0.714

注：提取方法为主成分分析。

表 6-31 预调查问卷知识吸收能力构面修正题项后解释总方差

成分	初始特征值			提取平方和载入		
	合计	方差的 %	累计 %	合计	方差的 %	累计 %
1	4.274	47.492	47.492	4.274	47.492	47.492
2	1.814	20.157	67.649	1.814	20.157	67.649
3	1.050	11.666	79.315	1.050	11.666	79.315
4	0.549	6.101	85.417			
5	0.478	5.312	90.728			
6	0.326	3.625	94.354			
7	0.237	2.637	96.990			
8	0.186	2.072	99.062			
9	0.084	0.938	100.000			

注：提取方法为主成分分析。

表 6-32　预调查问卷知识吸收能力构面修正题项后成分矩阵

	成分		
	1	2	3
YT41	0.628	−0.533	0.203
YT42	0.611	−0.515	0.516
YT43	0.739	−0.163	0.389
YT51	0.782	−0.136	−0.459
YT52	0.832	−0.057	−0.322
YT53	0.840	−0.132	−0.432
YT61	0.589	0.566	0.231
YT63	0.471	0.741	0.181
YT64	0.616	0.575	0.061

注：提取方法为主成分分析。

提取到的 3 个主成分，成分 1 解释方差 47.492，从成本矩阵可以看到，成分 1 虽然对 9 个题项解释力都很强，但对 YT41、YT42、YT43 解释力接近，对 YT51、YT52、YT53 解释力也接近，对 YT61、YT63、YT64 同样比较接近，但是继续观察成分 2，对 YT61、YT63、YT64 解释力为正，其他为负，成分 3 对 YT51、YT52、YT53 解释力为负，其他为正，因此，可以认为成分与问卷测量内容一致，表明删除题项后问卷可以接受。

模型拟合度指标如表 6-33 所示。

如表 6-33 所示，绝大部分指标已经达到参考指标，部分未达到参考值的指标也很接近，分析原因是本构面删除 4 个题目，占 30%，被删除题目对被访者产生一定的干扰，此外，样本量较少也是原因。因此，知识吸收能力构面方面的问卷测试题目在删除问题项后，达到了大规模问卷测试的标准。

表6-33　预测试知识吸收能力 CFA 修正模型测试结果

维度	指标	因子负载				信、效度值		
		非标准化	标准误	T 值	标准化	R²>0.5	组合信度	AVE>0.5
知识获取	YT41	0.521	0.085	6.094	0.757	0.573049	0.864	0.6141
	YT42	1			0.901	0.811801		
	YT43	0.649	0.111	5.855	0.728	0.529984		
知识转化	YT51	0.867	0.088	9.808	0.849	0.720801	0.816	0.597
	YT52	0.924	0.099	9.327	0.839	0.703921		
	YT53	1			0.816	0.665856		
知识利用	YT61	1			0.742	0.550564	0.7868	0.5521
	YT63	0.942	0.172	5.488	0.824	0.678976		
	YT64	0.898	0.182	4.94	0.777	0.603729		
拟合指标	χ^2/df	GFI	AGFI	RMSEA	RMR	NFI	IFI	CFI
参考标准	<3	>0.9	>0.9	<0.08	<0.05	>0.9	>0.9	>0.9
测试标准	2.463	0.839	0.898	0.106	0.049	0.826	0.889	0.884

（6）决策能力构面检验。对于决策能力构面全部测量指标进行 KMO 样本和 Bartlett 球形度检验结果如表6-34，KMO 系数为0.821，超过0.8，结果为良好。显著性概率0.000，远小于0.01 的标准，表明此测量数据进行因子分析是可以接受的。

表6-34　预调查问卷决策能力构面 KMO 及 Bartlett 球形度检验

KMO 值		0.821
Bartlett 球形度检验	近似卡方	339.531
	df	45
	Sig.	0.000

3 个维度的 Cronbach's α 系数如表6-35所示，均远超0.7 的标准。

表 6-35 预调查问卷决策能力构面 α 系数

变量	Cronbach's Alpha	项数
决策能力	0.899	10
决策信息获取	0.845	3
决策信息整合	0.856	3
决策信息质量	0.794	4

对决策信息获取、决策信息整合、决策信息质量验证性因子分析 CFA，各测量变量路径系数如图 6-8 所示。

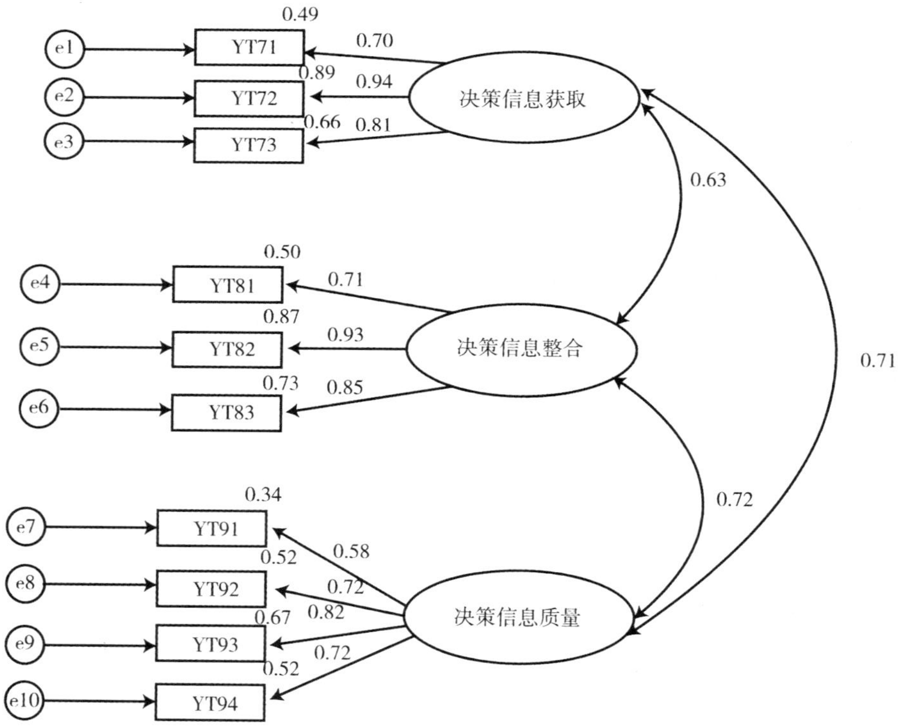

图 6-8 预测试决策能力 CFA 分析模型

由图 6-8 可知，除测量变量 YT91 标准化路径系数为 0.58 外，其余路径系数均较为理想。由于本次问卷题项较多，直接删除此题项再次进行测试，路径系数如图 6-9 所示。

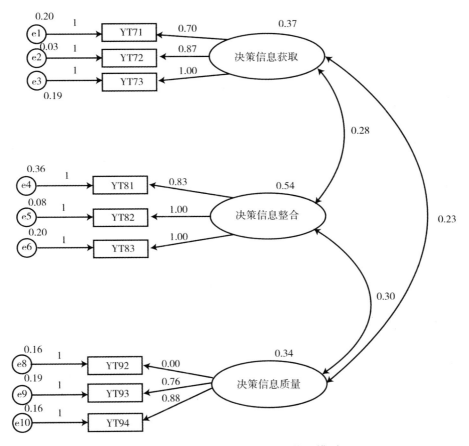

图 6-9　预测试决策能力 CFA 修正模型

删除后决策信息质量 α 系数由 0.794 提高到 0.815，由于决策能力题项修改较少，因此未进行因子分析。

模型拟合度指标如表 6-36 所示。

表 6-36　预测试决策能力 CFA 修正模型分析结果

维度	指标	因子负载				信、效度值		
		非标准化	标准误	T 值	标准化	$R^2>0.5$	组合信度	AVE>0.5
决策 信息获取	YT71	0.703	0.124	5.689	0.695	0.483025		
	YT72	0.87	0.116	7.494	0.943	0.889249	0.86414	0.6777
	YT73	1			0.813	0.660969		
决策 信息整合	YT81	0.831	0.139	5.987	0.711	0.505521		
	YT82	0.999	0.113	8.876	0.931	0.866761	0.8734	0.6994
	YT83	1			0.852	0.725904		
决策 信息质量	YT92	1			0.821	0.674041		
	YT93	0.764	0.149	5.125	0.715	0.511225	0.8209	0.6052
	YT94	0.882	0.14	6.317	0.794	0.630436		
拟合指标	χ^2/df	GFI	AGFI	RMSEA	RMR	NFI	IFI	CFI
参考标准	<3	>0.9	>0.9	<0.08	<0.05	>0.9	>0.9	>0.9
测试标准	1.481	0.89	0.794	0.086	0.038	0.896	0.967	0.965

　　如表 6-36 所示，决策信息获取、决策信息整合、决策信息质量的各测量指标因子负荷 C. R. 值（T 值）除均远超过临界值 2.58。由组合信度栏可知，3 个维度组合信度均大于 0.6 的标准，表明各维度具有良好的建构信度。由 AVE 值可知，3 个维度均大于 0.5 的标准，表明各维度测量指标的方差只有少数来自误差变异。拟合度指标也基本达到要求。因此，决策能力构面方面的问卷测试题目在删除问题项后，达到了大规模问卷测试的标准。

（五）实证研究设计小结

　　本节首先介绍了实证研究的对象，主要以对云南、北京、上海、广东等地的知识密集型服务业高层管理人员的问卷调查方式展开，知识密集型服务业行业划分参照中国国务院发展研究中心 2001 年第 99 号调研报告关于"知识密集型服务业"的界定。其次，介绍了问卷设计与数据收集的过程，为了确保测量工具的信度及效度，选择了各国学者使用过的量表，同时，由于移动互联网的 3 个构面量表为自行设计，企业能力的测量量表也针对本书进行了一定的修改，因此，进行了一次问卷的预测试，通过分析预测试数据的检验，最终确定了本次大规模数据调研使用的问卷。此外，还介绍了研究方法，根据研究需要选择探索性因素分析（EFA）、验证性因素分析（CFA）及结构方程模型（SEM）作为本书实证研究方法，并介绍了几种研究方法的特点及计量要求。

二、实证数据分析

前文设计出了正式问卷，确定了调研的范围与对象，开展了大规模的问卷调查。在问卷回收后对数据进行了描述性统计分析，初步了解样本的基本特征。本节进入实质研究环节，首先通过信度、效度检验对数据质量进行分析；其次利用 Amos22.0 统计软件来对所提出的相关假设进行验证。

（一）问卷调查情况

1. 数据收集情况

本次研究的问卷调查从 2016 年 10 月持续到 2017 年 2 月，共计 5 个月。通过云南省中小企业服务中心及云南省中小企业发展研究院针对中小企业进行的培训展开调查。每期培训班开班前，根据报名参加企业的单位信息筛选出知识密集型服务业企业，用 15 分钟左右的时间向相关企业进行问卷调查的目的及填写方式的讲解，然后请被调查对象根据自己的时间填写问卷，在培训班结束时回收问卷。通过 11 场培训的问卷发放，共计回收调查问卷 292 份（见表 6-37）。由于通过现场讲解形式进行的问卷调查样本量足以支持本次研究的数据分析，没有再开展网络问卷调查。

表6-37　实证调查问卷发放及回收情况

发放数（份）	回收数（份）	有效问卷（份）	回收率（%）	有效率（%）
303	292	264	96.37	90.41

2. 实证调研样本特性

（1）被调查者使用手机上网情况，如表6-38所示。

表6-38　实证调查问卷使用手机上网比例

项目		频率	占比（%）	有效占比（%）	累计占比（%）
有效	是	223	84.5	84.5	84.5
	否	41	15.5	15.5	100.0
合计		264	100.0	100.0	

被调查者使用手机上网非常普遍，比例达到了84.5%，说明移动互联网的普及应用程度在中小企业管理者中非常高。

（2）被调查者单位使用手机上网情况，如表6-39所示。

表6-39　实证调查问卷单位手机上网人数比例

项目		频率	占比（%）	有效占比（%）	累计占比（%）
有效	少部分使用	29	11.0	11.0	11.0
	大部分使用	227	86.0	86.0	97.0
	不清楚	8	3.0	3.0	100.0
合计		264	100.0	100.0	

由调查数据可知，"基本没人用"的选项与预调查时相同，没有人选，86%的被调查单位均是大部分人使用手机上网，说明移动互联网的普及率非常高。

（3）被调查单位员工人数，如表6-40所示。

表 6-40 实证调查问卷单位员工人数

项目		频率	占比（%）	有效占比（%）	累计占比（%）
有效	<10	34	12.9	12.9	12.9
	11~50	133	50.4	50.4	63.3
	51~100	83	31.4	31.4	94.7
	>100	14	5.3	5.3	100.0
合计		264	100.0	100.0	

被调查企业员工人数主要集中在 11~50 人，比例为 50.4%，51~100 人的比例为 31.4%，只有 14 家企业员工人数超过了 100 人。

（4）被调查单位成立时间，如表 6-41 所示。

表 6-41 实证调查问卷单位成立时间

项目		频率	占比（%）	有效占比（%）	累计占比（%）
有效	<1	18	6.8	6.8	6.8
	1~5	127	48.1	48.1	54.9
	6~10	90	34.1	34.1	89.0
	>10	29	11.0	11.0	100.0
合计		264	100.0	100.0	

被调查企业成立时间集中在 1~5 年，占比为 48.1%。

（5）行业特征，如表 6-42 所示。

预测试时信息技术服务企业及咨询服务企业比例最大，分别达到 12.9% 及 15.9%，本次调查因为有两期培训为针对南亚、东南亚地区国内企业对外投资政策的培训，有大量小语种翻译企业参加，在预调研时缺失的翻译服务类企业，本次收集到了 9 家企业的调查数据。

表 6-42　实证调查问卷行业分类

项目		频率	占比（%）	有效占比（%）	累计占比（%）
有效	咨询服务	42	15.9	15.9	15.9
	财会服务	30	11.4	11.4	27.3
	知识产权服务	17	6.4	6.4	33.7
	信息技术服务	34	12.9	12.9	46.6
	金融服务	13	4.9	4.9	51.5
	生产技术服务	28	10.6	10.6	62.1
	工程设计服务	29	11.0	11.0	73.1
	法律服务	20	7.6	7.6	80.7
	翻译服务	9	3.4	3.4	84.1
	教育行业	24	9.1	9.1	93.2
	科研服务	8	3.0	3.0	96.2
	文化交流	10	3.8	3.8	100.0
合计		264	100.0	100.0	

（二）实证数据效度和信度检验情况

效度（Validity）指测验或量表所能正确测量的特质程度，问卷的效度主要衡量测试结果与预定测量目标之间的差距，也可以理解为在何种程度上反映问卷所测量出的理论概念（吴明隆，2009）。一个测试的效度越高，表示测试的结果越能反映其所测试对象的正确特质。本次调查的数据分析，按照前文介绍的方法及衡量标准进行数据的信度效度分析。

1. 移动互联网使用时空因素构面检验

对于时空因素构面全部测量指标进行 KMO 样本和 Bartlett 球形度检验结果如表 6-43 所示，KMO 系数为 0.858，超过 0.8，非常适合进行因子分析。显著性概率 0.000，远小于 0.01 的标准，表明此测量数据进行因子分析是可以接受的。

表 6-43　实证检验时空因素构面 KMO 及 Bartlett 球形度检验

KMO 值		0.858
Bartlett 球形度检验	近似卡方	742.937
	df	21
	Sig.	0.000

时空因素构面的全部测量数据 3 个维度的 Cronbach's α 系数如表 6-44 所示，均大于 0.7 的参考值，表明终端移动性、全天在线的特性及碎片化时间上网 3 个维度测量指标的样本数据具有良好的内部一致性。

表 6-44　实证检验时空因素构面 α 系数

变量	Cronbach's Alpha	项数
时空因素	0.855	7
终端移动性	0.797	2
全天在线	0.715	2
碎片化时间上网	0.796	3

按图 6-10 的模型对终端移动性、全天在线、碎片化时间上网进行验证性因子分析 CFA，结果如表 6-45 所示。

如表 6-45 所示，终端移动性、全天在线、碎片化时间上网的各测量指标因子负荷 C. R. 值（T 值）最低为 10.17，远超过临界值 2.58，表明各指标对相应维度的因子负载均显著大于 0。而且各指标因子负载完全标准化值最低为 0.71，最高为 0.96，表明 3 个维度具有良好的聚合效度。由 R^2 可知，各维度测量指标信度值最低为 0.50，大于 0.5 的标准，表明 3 个维度均具有较好的信度。由组合信度栏可知，3 个维度组合信度最低为 0.73，达到大于 0.6 的标准，表明各维度具有良好的建构信度。由 AVE 的值可知，3 个维度均大于 0.5 的标准，表明各维度测量指标的方差只有少数来自误差变异。

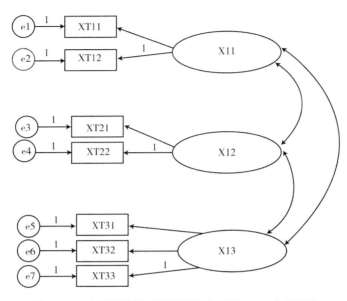

图 6-10   实证检验移动互联网时空因素 CFA 分析模型

表 6-45   实证检验移动互联网时空因素 CFA 分析结果

维度	指标	因子负载				信、效度值		
		非标准化	标准误	T 值	标准化	R²>0.5	组合信度	AVE>0.5
终端移动性	XT11	0.90	0.08	11.74	0.83	0.69	0.89	0.80
	XT12	1.00			0.96	0.92		
全天在线	XT21	0.84	0.08	10.17	0.71	0.50	0.73	0.57
	XT22	1.00			0.80	0.64		
碎片化时间上网	XT31	0.91	0.08	11.43	0.76	0.58	0.80	0.57
	XT32	0.84	0.08	10.56	0.72	0.51		
	XT33	1.00			0.78	0.61		
拟合指标	χ^2/df	GFI	AGFI	RMSEA	RMR	NFI	IFI	CFI
参考标准	<3	>0.9	>0.9	<0.08	<0.05	>0.9	>0.9	>0.9
测试标准	0.59	0.99	0.98	0.01	0.01	0.99	1.00	1.00

由各拟合指数可以看出，相关拟合指数符合相应的标准要求，表示模型对于样本数据的拟合情况较为理想。

2. 移动互联网使用便利性构面检验

对于时空因素构面全部测量指标进行 KMO 样本和 Bartlett 球形度检验结果如表 6-46 所示，KMO 系数为 0.894，大于 0.8，为可接受。显著性概率 0.000，远小于 0.01 的标准，表明此测量数据进行因子分析是可以接受的。

表 6-46　实证检验便利性因素构面 KMO 及 Bartlett 球形度检验

KMO 值		0.894
Bartlett 球形度检验	近似卡方	1128.096
	df	36
	Sig.	0.000

3 个维度的 Cronbach's α 系数如表 6-47 所示，均大于 0.7 的参考值。表明信息获取方便、信息共享方便及业务使用便利三个维度具有良好的内部一致性。

表 6-47　实证检验便利性因素构面 α 系数

变量	Cronbach's Alpha	项数
使用便利	0.893	9
信息获取方便	0.809	3
信息共享方便	0.761	2
业务使用便利	0.849	3

按图 6-11 模型对终端移动性、全天在线、碎片化时间上网进行验证性因子分析 CFA，结果如表 6-48 所示。

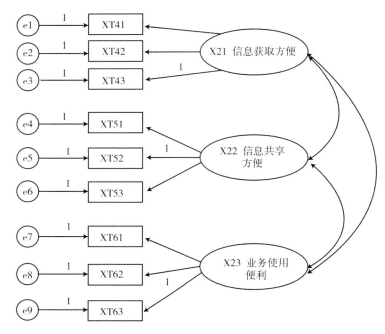

图 6-11　实证检验移动互联网便利性因素 CFA 分析模型

表 6-48　实证检验移动互联网便利性因素 CFA 分析结果

维度	指标	因子负载				信、效度值		
		非标准化	标准误	T 值	标准化	$R^2>0.5$	组合信度	AVE>0.5
信息 获取方便	XT41	0.90	0.08	12.31	0.75	0.56	0.81	0.59
	XT42	0.90	0.08	11.87	0.77	0.60		
	XT43	1.00			0.79	0.62		
信息 共享方便	XT51	0.99	0.10	10.42	0.74	0.55	0.83	0.63
	XT52	1.00			0.91			
	XT53	1.00	0.10	10.01	0.71	0.50		
业务 使用便利	XT61	0.96	0.07	14.38	0.85	0.71	0.84	0.63
	XT62	0.87	0.07	12.98	0.76	0.58		
	XT63	1.00	0.25	3.75	0.77	0.59		
拟合指标	χ^2/df	GFI	AGFI	RMSEA	RMR	NFI	IFI	CFI
参考标准	<3	>0.9	>0.9	<0.08	<0.05	>0.9	>0.9	>0.9
测试标准	1.80	0.97	0.94	0.06	0.02	0.96	0.98	0.98

如表 6-48 所示，终端移动性、全天在线、碎片化时间上网的各测量指标因子负荷 C. R. 值（T 值）最低为 3.75，超过临界值 2.58，表明各指标对相应维度的因子负载均显著大于 0。而且各指标因子负载完全标准化值最低为 0.71，最高为 0.91，表明 3 个维度具有良好的聚合效度。由 R^2 可知，各维度测量指标信度值最低为 0.50，大于 0.5 的标准，表明 3 个维度均具有较好的信度。由组合信度栏可知，3 个维度组合信度最低为 0.81，达到大于 0.6 的标准，表明各维度具有良好的建构信度。由 AVE 的值可知，3 个维度均大于 0.5 的标准，表明各维度测量指标的方差只有少数来自误差变异。

由各拟合指数可以看出，各项拟合指数均符合相应的标准要求，表明模型对于样本数据的拟合情况较为理想。

3. 包含 LBS 信息检验

对于包含 LBS 信息 3 个测量指标进行 KMO 样本和 Bartlett 球形度检验结果如表 6-49 所示，KMO 系数为 0.798，介于 0.6~0.8，为可接受。显著性概率 0.000，远小于 0.01 的标准，表明此测量数据进行因子分析是可以接受的。

表 6-49　实证检验 LBS 因素 KMO 及 Bartlett 球形度检验

KMO 值		0.798
Bartlett 球形度检验	近似卡方	245.159
	df	3
	Sig.	0.000

包含 LBS 信息的只有 1 个维度，包含 3 个测量指标的 Cronbach's α 系数为 0.798，大于 0.7 的参考值。

4. 管理沟通能力构面检验

对于管理沟通能力构面全部测量指标进行 KMO 样本和 Bartlett 球形度检验结果如表 6-50 所示，KMO 系数为 0.873，大于 0.8。显著性概率 0.000，远小于 0.01 的标准，表明此测量数据进行因子分析是可以接受的。

表 6-50　实证检验管理沟通能力构面 KMO 及 Bartlett 球形度检验

KMO 值		0.873
Bartlett 球形度检验	近似卡方	1080.388
	df	45
	Sig.	0.000

3 个维度的 Cronbach's α 系数如表 6-51 所示，均大于 0.7 的参考值。表明内部沟通、外部沟通及沟通认知 3 个维度具有良好的内部一致性。

表 6-51　实证检验管理沟通能力构面 α 系数

变量	Cronbach's Alpha	项数
管理沟通能力	0.875	10
内部沟通	0.804	4
外部沟通	0.783	3
沟通认知	0.806	3

按图 6-12 模型对内部沟通、外部沟通及沟通认知进行验证性因子分析 CFA，结果如表 6-52 所示。

如表 6-52 所示，内部沟通、外部沟通及沟通认知的各测量指标因子负荷 C.R. 值（T 值）最低为 9.45，超过临界值 2.58，表明各指标对相应维度的因子负载均显著大于 0。而且各指标因子负载完全标准化值最低为 0.71，最高为 0.80，表明 3 个维度具有良好的聚合效度。由 R^2 可知，各维度测量指标信度值最低为 0.50，大于 0.5 的标准，表明 3 个维度均具有较好的信度。由组合信度栏可知，3 个维度组合信度最低为 0.76，达到大于 0.6 的标准，表明各维度具有良好的建构信度。由 AVE 值可知，3 个维度均大于 0.5 的标准，表明各维度测量指标的方差只有少数来自误差变异。

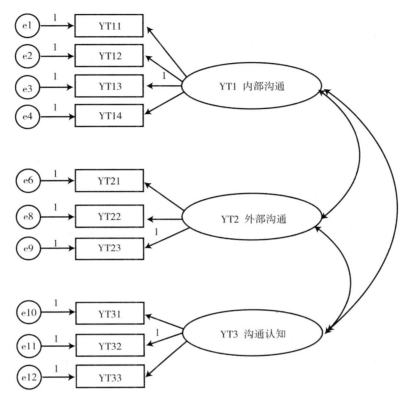

图 6-12　实证检验管理沟通能力 CFA 分析模型

表 6-52　实证检验管理沟通能力 CFA 分析结果

维度	指标	因子负载				信、效度值		
		非标准化	标准误	T 值	标准化	$R^2>0.5$	组合信度	AVE>0.5
内部沟通	YT11	0.98	0.10	9.45	0.72	0.52	0.76	0.51
	YT12	0.96	0.10	10.03	0.71	0.50		
	YT13	1.00			0.71	0.50		
	YT14	0.98	0.10	9.64	0.71	0.51		
外部沟通	YT21	0.90	0.08	10.69	0.74	0.55	0.77	0.53
	YT22	0.96	0.09	10.68	0.73	0.54		
	YT23	1.00			0.75	0.56		

维度	指标	因子负载				信、效度值		
		非标准化	标准误	T 值	标准化	$R^2>0.5$	组合信度	AVE>0.5
沟通认知	YT31	0.88	0.07	12.08	0.79	0.62	0.81	0.59
	YT32	1.00			0.80	0.64		
	YT33	0.89	0.08	11.04	0.71	0.50		
拟合指标	χ^2/df	GFI	AGFI	RMSEA	RMR	NFI	IFI	CFI
参考标准	<3	>0.9	>0.9	<0.08	<0.05	>0.9	>0.9	>0.9
测试标准	2.270	0.949	0.912	0.069	0.025	0.934	0.962	0.961

由各拟合指数可以看出，项拟合指数均符合标准要求，表明模型对于样本数据的拟合情况较为理想。

5. 知识吸收能力构面检验

对于知识吸收能力构面全部测量指标进行 KMO 样本和 Bartlett 球形度检验结果如表6-53所示，KMO 系数为0.890，介于0.6~0.8，为可接受。显著性概率0.000，远小于0.01的标准，表明此测量数据进行因子分析是可以接受的。

表6-53 实证检验知识吸收能力构面 KMO 及 Bartlett 球形度检验

KMO 值		0.890
Bartlett 球形度检验	近似卡方	889.682
	df	36
	Sig.	0.000

3个维度的Cronbach's α 系数如表6-54所示，均大于0.7的参考值。表明知识获取、知识转化及知识利用3个维度具有良好的内部一致性。

表 6-54　实证检验知识吸收能力构面 α 系数

变量	Cronbach's Alpha	项数
知识吸收	0.871	9
知识获取	0.727	3
知识转化	0.763	3
知识利用	0.787	3

按图 6-13 模型对知识获取、知识转化、知识利用进行验证性因子分析 CFA，结果如表 6-55 所示。

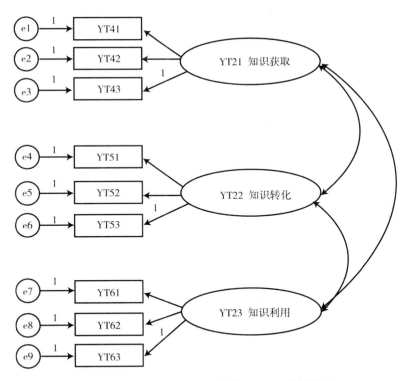

图 6-13　实证检验知识吸收能力 CFA 分析模型

表 6-55　实证检验知识吸收能力 CFA 分析结果

维度	指标	因子负载				信、效度值		
		非标准化	标准误	T 值	标准化	$R^2>0.5$	组合信度	AVE>0.5
知识吸收	YT41	0.81	0.10	8.56	0.67	0.45	0.73	0.47
	YT42	0.91	0.10	9.23	0.71	0.50		
	YT43	1.00			0.69	0.48		
知识转化	YT51	0.92	0.09	10.01	0.72	0.52	0.77	0.52
	YT52	0.88	0.09	10.12	0.72	0.51		
	YT53	1.00			0.73	0.53		
知识利用	YT61	0.93	0.08	11.37	0.73	0.54	0.79	0.55
	YT62	0.84	0.08	10.67	0.72	0.51		
	YT63	1.00			0.78	0.61		
拟合指标	χ^2/df	GFI	AGFI	RMSEA	RMR	NFI	IFI	CFI
参考标准	<3	>0.9	>0.9	<0.08	<0.05	>0.9	>0.9	>0.9
测试标准	1.75	0.97	0.94	0.05	0.02	0.95	0.98	0.98

如表 6-55 所示，知识吸收、知识转化及知识利用的各测量指标因子负荷 C. R. 值（T 值）最低为 8.56，远超过临界值 2.58，表明各指标对相应维度的因子负载均显著大于 0。而且各指标因子负载完全标准化值最低为 0.67，最高为 0.78，聚合效度基本可以接受。由 R^2 可知，各维度测量指标信度值最低为 0.45，接近 0.5 的标准，3 个维度信度基本可以接受。由组合信度栏可知，3 个维度组合信度最低为 0.73，达到大于 0.6 的标准，表明各维度具有良好的建构信度。由 AVE 的值可知，知识吸收维度为 0.47，接近 0.5 的标准，表明各维度测量指标的方差有部分来自误差变异。

由各拟合指数可以看出，相关的拟合指数基本符合相应标准，表明模型的拟合情况基本可以接受。

6. 决策能力构面检验

对于决策能力构面全部测量指标进行 KMO 样本和 Bartlett 球形度检验结果如表 6-56 所示，KMO 系数为 0.912，超过 0.9，表明极其适合因子分析。显著性概率 0.000，远小于 0.01 的标准，表明此测量数据进行因子分析是可以接受的。

表 6-56　实证检验决策能力构面 KMO 及 Bartlett 球形度检验

KMO 值		0.912
Bartlett 球形度检验	近似卡方	1118.040
	df	36
	Sig.	0.000

3 个维度的 Cronbach's α 系数如表 6-57 所示，均远超 0.7 的标准。

表 6-57　实证检验决策能力构面 α 系数

变量	Cronbach's Alpha	项数
决策能力	0.899	9
决策信息获取	0.774	3
决策信息整合	0.812	3
决策信息质量	0.833	3

按图 6-14 模型对决策信息获取、决策信息整合、决策信息质量验证性因子分析 CFA，结果如表 6-58 所示。

如表 6-58 所示，决策信息获取、决策信息整合、决策信息质量的各测量指标因子负荷 C. R. 值（T 值）最低为 10.73，超过临界值 2.58。由组合信度栏可知，3 个维度组合信度均大于 0.6 的标准，表明各维度具有良好的建构信度。由 AVE 的值可知，3 个维度均大于 0.5 的标准，表明各维度测量指标的方差有部分来自误差变异。

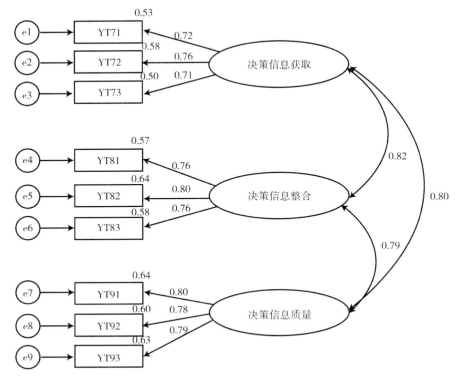

图 6-14 实证检验决策能力 CFA 分析模型

表 6-58 实证检验决策能力 CFA 分析结果

维度	指标	因子负载				信、效度值		
		非标准化	标准误	T 值	标准化	$R^2>0.5$	组合信度	AVE>0.5
决策信息获取	YT71	0.91	0.08	10.87	0.73	0.53	0.78	0.54
	YT72	1.00			0.76	0.58		
	YT73	0.96	0.09	10.73	0.71	0.50		
决策信息整合	YT81	0.94	0.08	12.09	0.76	0.57	0.81	0.59
	YT82	1.00			0.80	0.64		
	YT83	0.91	0.07	12.59	0.76	0.57		
决策信息质量	YT91	1.00			0.80	0.64	0.83	0.63
	YT92	0.93	0.07	12.75	0.78	0.60		
	YT93	0.99	0.08	13.16	0.80	0.63		

续表

维度	指标	因子负载				信、效度值		
		非标准化	标准误	T 值	标准化	$R^2>0.5$	组合信度	AVE>0.5
拟合指标	X^2/df	GFI	AGFI	RMSEA	RMR	NFI	IFI	CFI
参考标准	<3	>0.9	>0.9	<0.08	<0.05	>0.9	>0.9	>0.9
测试标准	1.48	0.97	0.95	0.04	0.02	0.97	0.99	0.99

由各拟合指数可以看出，相关的拟合指数基本符合相应标准，表明模型的拟合情况基本可以接受。

（三）实证假设检验情况

本部分采用结构方程，运用 Amos 22 对本书假设进行检验。检验思路为先对初始模型进行检验，验证移动互联网的时空因素、便利性及包含 LBS 信息三个因素对企业管理沟通能力、知识获取能力及决策能力的影响以及 KIBS 中小企业三种核心能力之间的相互影响，然后，进一步分析管理沟通能力与移动互联网便利性因素的中介效应，最后对初始模型进行修正，得出本书的最终模型。

1. 数据正态性评估及 SEM 分析方法选择

对于 SEM 分析方法的选择，采用数据的正态性评估来进行判断，判断标准见前文。

本书所有变量正态性评估 AMOS 截图如图 6-15 所示。

Assessment of normality（Group number 1）

Variable	min	max	skew	c. r.	kurtosis	c. r.
X0LBS	1.000	3.667	0.900	5.971	0.147	0.486
信息获取方便	1.000	4.667	1.069	7.088	1.312	4.352
信息共享方便	1.000	4.333	1.225	8.126	1.609	5.337
业务使用便利	1.000	5.000	1.235	8.192	1.358	4.504
知识利用	1.000	4.333	0.745	4.940	0.180	0.596
知识转化	1.000	3.667	0.700	4.646	0.368	1.222
知识获取	1.000	3.667	0.641	4.251	−0.091	−0.301
质量	1.000	5.000	1.660	11.012	3.331	11.049
整合	1.000	4.330	1.127	7.473	1.402	4.648
获取	1.000	4.000	0.984	6.527	0.994	3.296
终端移动性	1.000	4.500	1.378	9.138	2.293	7.605
全天在线	1.000	4.500	1.236	8.198	1.355	4.495
碎片化时间上网	1.000	4.000	0.880	5.834	−0.140	−0.463
沟通认知	1.000	4.667	1.021	6.771	0.984	3.264
外部沟通	1.000	4.667	0.727	4.820	0.543	1.800
内部沟通	1.000	3.750	1.075	7.134	0.792	2.628
Multivariate					62.681	21.218

图 6-15　正态性评估表 AMOS 截图

17 个指标变量峰度系数绝对值介于 0.091~3.331，偏态系数绝对值介于 0.641~1.660，表明数据符合正态分布，可采用极大似然估计法（ML 法）进行 SEM 模型的假设检验。

2. 初始模型分析

采用 ML 法验证移动互联网与企业管理沟通能力、知识吸收能力及决策能力之间的关系，按照第四章建立的理论模型进行分析，如图 6-16 所示。

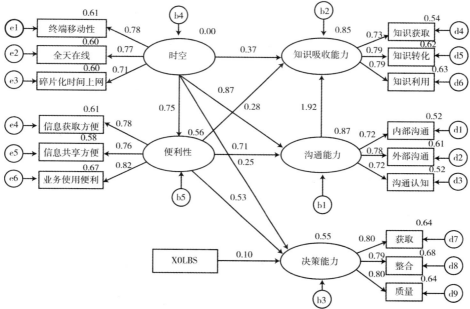

图 6-16　假设检验初始分析模型

模型批注如图 6-17 所示。

Notes for Model（Default model）

Computation of degrees of freedom（Default model）

Number of distinct sample moments：136

Number of dstinct parameters to be estimated：40

Degrees of freedom（136-40）：96

Result（Default model）

Minimum was achieved

Chisquare =221. 153

Degrees of freedom = 96

Probability level =0. 000

图 6-17　实证研究初始模型批注截图

模型信息点 136 个，待估自有参数 40 个，DF 自由度为 96，模型运算后可收敛，卡方值为 221.153。

从模型的各适配指标来看，均达到了适配要求，说明初始模型整体适配良好，没有理论上的界定错误。

进一步查看外因潜在变量及观测变量与内因变量残差值的方差，如图 6-18 所示。

Variances：（Group number 1-Default model）

	Estimate	S. E.	C. R.	P	Label
X0LBS	0.455	0.040	11.467	***	par_ 20
b4	0.306	0.045	6.852	***	par_ 21
b5	0.186	0.033	5.687	***	par_ 22
b1	0.033	0.013	2.493	0.013	par_ 23
b3	0.160	0.026	6.234	***	par_ 24
b2	0.041	0.042	0.962	0.336	par_ 25
d1	0.161	0.016	10.016	***	par_ 26
d2	0.169	0.019	9.074	***	par_ 27
d3	0.220	0.022	10.183	***	par_ 28
e3	0.261	0.029	9.068	***	par_ 29
e2	0.207	0.025	8.169	***	par_ 30
e1	0.166	0.021	7.838	***	par_ 31
d7	0.130	0.016	8.044	***	par_ 32
d8	0.172	0.021	8.202	***	par_ 33
d9	0.195	0.024	7.970	***	par_ 34
d4	0.140	0.016	8.852	***	par_ 35
d5	0.136	0.017	7.917	***	par_ 36
d6	0.163	0.021	7.654	***	par_ 37
e6	0.208	0.026	8.106	***	par_ 38
e5	0.170	0.019	9.008	***	par_ 39
e4	0.172	0.020	8.786	***	par_ 40

图 6-18　实证研究初始模型变量残差值截图

初始模型分析后发现，沟通能力残差值 b1 的 P 值为 0.013，<0.05 的显著性水平，知识吸收能力的残差 b2 的 P 值达到了 0.336，>0.05 显著性水平，为不显著。标准误（S. E.）估计值均很小，数值介于 0.013～0.057。说明初始模型在总体上可以适配，但是沟通能力及知识吸收能力可能存在界定性错误。

进一步分析本模型计算后的路径系数如图 6-19 及图 6-20 所示。

			Estimate	S. E.	C. R.	P	Label
便利性	<---	时空	0.884	0.094	9.364	***	par_ 19
沟通能力	<---	便利性	0.555	0.076	7.257	***	par_ 13
沟通能力	<---	时空	0.257	0.087	2.966	0.003	par_ 15
知识吸收能力	<---	沟通能力	1.982	0.655	3.027	0.002	par_ 11
知识吸收能力	<---	便利性	-.703	0.392	-1.794	0.073	par_ 12
知识吸收能力	<---	时空	-.356	0.218	-1.636	0.102	par_ 14
决策能力	<---	时空	0.266	0.118	2.266	0.023	par_ 16
决策能力	<---	便利性	0.482	0.100	4.841	***	par_ 17
决策能力	<---	X0LBS	0.090	0.050	1.808	0.071	par_ 18
内部沟通	<---	沟通能力	0.810	0.066	12.201	***	par_ 1
外部沟通	<---	沟通能力	1.000				
沟通认知	<---	沟通能力	0.959	0.078	12.224	***	par_ 2
碎片化时间上网	<---	时空	0.929	0.086	10.843	***	par_ 3
全天在线	<---	时空	1.000				
终端移动性	<---	时空	0.929	0.077	12.064	***	par_ 4
获取	<---	决策能力	0.805	0.060	13.436	***	par_ 5
整合	<--	决策能力	0.911	0.067	13.590	***	par_ 6
质量	<---	决策能力	1.000				
知识转化	<---	知识吸收能力	0.888	0.072	12.350	***	par_ 7
知识利用	<---	知识吸收能力	1.000				
业务使用便利	<---	便利性	1.000				
信息共享方便	<---	便利性	0.749	0.058	12.804	***	par_ 8
信息获取方便	<---	便利性	0.787	0.060	13.076	***	par_ 9
知识获取	<---	知识吸收能力	0.766	0.069	11.153	***	par_ 10

图 6-19 实证研究初始模型非标准化路径系数表截图

Standar dized Regression Weights：（Group number 1－Default model）

			Estimate
便利性	<---	时空	. 756
沟通能力	L---	便利性	0. 641
沟通能力	<---	时空	0. 310
决策能力	<---	便利性	0. 510
决策能力	<---	时空	0. 265
知识吸收能力	<---	沟通能力	0. 993
知识吸收能力	<---	时空	−0. 267
决策能力	<---	X0LBS	0. 104
内部沟通	<---	沟通能力	0. 733
外部沟通	<---	沟通能力	0. 798
沟通认知	<---	沟通能力	0. 727
碎片化时间上网	<---	时空	0. 707
全天在线	<---	时空	0. 770
终端移动性	<---	时空	0. 784
获取	<---	决策能力	0. 800
整合	<---	决策能力	0. 794
质量	<---	决策能力	0. 802
知识转化	<---	知识吸收能力	0. 794
知识利用	<---	知识吸收能力	0. 784
业务使用便利	<---	便利性	0. 816
信息共享方便	<---	便利性	0. 768
信息获取方便	<---	便利性	0. 779
知识获取	<---	知识吸收能力	0. 735

图 6-20 实证研究初始模型标准化路径系数表截图

吴明隆（2009）对 AMOS 的 P 值注解为：p 值反映了各变量之间的显著性水平，p 值以 0.05 为界：<0.05 则显著性水平可以接受；<0.025 则具有较好的显著性水平；<0.01 则具有极高的显著性水平，<0.001 用＊＊＊显示。

移动互联网包含 LBS 特性对决策能力影响的路径系数显著性仅为 0.070，

达不到显著性水平，移动互联网的便利性因素及时空因素对知识吸收能力的影响显著性为 0.073 及 0.102，也达不到显著性水平。

沟通能力及知识吸收能力的残差 P 值同样较高，因此可以断定，初始模型在模型界定上存在一定的错误，需要进一步修正。

通过对初始模型的实证分析，我们发现移动互联网时空因素及便利性因素对企业知识吸收能力具有直接正向影响的假设得不到验证，同时，LBS 因素对决策能力产生直接正向影响的假设也没有得到验证。

对于移动互联网的时空因素及便利性因素对知识吸收能力影响不显著的原因存在两种可能：一是时空因素及便利性因素对知识吸收能力影响不显著；二是沟通能力对知识吸收能力有影响，沟通能力在时空因素及便利性因素对知识吸收能力的影响中起到了中介作用，导致移动互联网时空因素及便利因素对知识吸收能力的直接影响程度降低。因此，对模型的修正，需要进一步分析沟通能力的中介作用。

此外，H9 移动互联网的便利性因素在时空因素作用于企业核心能力方面具有中介作用，也将进一步验证便利性因素的中介作用。

（1）沟通能力在移动互联网对知识吸收能力影响中的中介效应分析。

第一步，检验自变量与因变量之间的系数 c，查看自变量与因变量之间是否存在直接相关关系。将自变量时空因素及便利性因素与因变量知识吸收能力进行路径分析，结果如表 6-59 所示。

表 6-59 自变量与因变量知识吸收能力系数 c 检验

自变量	因变量	系数 c	显著性
时空因素	知识吸收能力	0.274	***
便利性因素	知识吸收能力	0.484	***

注：***代表 $p < 0.001$，**代表 $p < 0.01$，*代表 $p < 0.05$。

由表 6-59 可知，互联网的时空因素及便利性因素与知识吸收能力均存在直接的显著相关关系，表明知识吸收能力可以由时空因素及便利性因素来解释，各潜变量之间具备统计显著性，可以进行中介效应检验。

第二步，检验系数自变量与中介变量的回归系数 a，即对自变量移动互联网的两个维度与中介变量沟通能力之间的关系进行分析，结果如表 6-60 所示。

表 6-60　自变量与中介变量沟通能力系数 a 检验

自变量	中介	系数 a	显著性
时空因素	沟通能力	0.446	＊＊＊
便利性因素	沟通能力	0.805	＊＊＊

注：＊＊＊代表 p<0.001，＊＊代表 p<0.01，＊代表 p<0.05。

由表 6-60 可知，移动互联网的两个维度与沟通能力之间均存在显著的相关关系，且系数 a 远大于系数 c，说明移动互联网对沟通能力的影响力要大于知识吸收能力。

第三步，检验中介变量与因变量之间的系数 b，结果如表 6-61 所示。

表 6-61　中介变量沟通能力与因变量知识吸收能力系数 b 检验

中介变量	因变量	系数 b	显著性
沟通能力	知识吸收能力	0.821	＊＊＊

注：＊＊＊代表 p<0.001，＊＊代表 p<0.01，＊代表 p<0.05。

由表 6-61 可知，沟通能力与知识吸收能力之间存在显著的正相关关系，按照中介作用检验程序，进一步检验系数 c'，结果如表 6-62 所示。

表 6-62　自变量与因变量知识吸收能力系数 c' 检验

自变量	因变量	系数 c'	显著性
时空因素	知识吸收能力	−0.531	0.081
便利性因素	知识吸收能力	−0.904	0.089

注：＊＊＊代表 p<0.001，＊＊代表 p<0.01，＊代表 p<0.05。

从表6-62可以看出，时空因素及便利性因素的系数c'均达不到显著性水平，因此，沟通能力在知识吸收能力与移动互联网的便利性因素及时空因素中起到了完全中介的作用。

同时，可以观察到系数c'为负，与系数a、b的符号相反，进一步查阅相关文献，按照Cliff和Earleywine（1994）与Tzelgov和Henik（1991）的观点，在中介效应检测中，出现直接效应与间接效应有相反符号表现为抑制效应。因此，沟通能力在知识吸收能力与移动互联网的便利性因素及时空因素中还起到了抑制效应的作用。具体原因，将在后文进一步分析。

通过分析，H7及H8没有得到验证，H6、H6a、H6b得到了验证，且管理沟通能力起到了完全中介作用。

（2）移动互联网便利性因素在时空因素与企业核心能力关系中的中介效应分析。按照温忠麟（2005）的中介效应检测程序，对H9进行分析，由于沟通能力在移动互联网与知识吸收能力的关系中起到了完全中介的作用，因此，对于H9c不再进行分析，在下文分析便利性因素、沟通能力在时空因素与知识吸收能力之间的多重中介效应。

检验自变量与因变量之间的回归系数c，将自变量时空因素及便利性因素与因变量知识吸收能力进行路径分析，结果如表6-63所示。

表6-63　自变量时空因素与因变量系数c检验

自变量	因变量	系数c	显著性
时空因素	沟通能力	0.844	***
时空因素	决策能力	0.709	***

注：***代表p<0.001，**代表p<0.01，*代表p<0.05。

由表6-63可知，时空因素与因变量沟通能力及决策能力存在显著正相关关系，进一步检测自变量时空因素与中介变量便利性因素路径系数a，结果如表6-64所示。

表 6-64   自变量时空因素与中介变量便利性因素系数 a 检验

自变量	中介	系数 a	显著性
时空因素	便利性因素	0.74	***

注：***代表 p<0.001，**代表 p<0.01，*代表 p<0.05。

由表 6-64 可知，时空因素与中介变量便利性因素存在显著正相关关系，继续检测中介变量与因变量路径系数 b，结果如表 6-65 所示。

表 6-65   中介变量便利性因素与因变量系数 b 检验

中介变量	因变量	系数 b	显著性
便利性因素	沟通能力	0.923	***
便利性因素	决策能力	0.743	***

注：***代表 p<0.001，**代表 p<0.01，*代表 p<0.05。

由表 6-65 可知，中介变量与因变量均存在显著正相关关系，且便利性因素与沟通能力路径系数高达 0.923，具体原因将在后文进行分析讨论。继续检测自变量与中介变量路径系数 c'，并对比系数 c，结果如表 6-66 所示。

表 6-66   自变量时空因素与因变量系数 c' 及 c 对比

自变量	因变量	系数 c'	显著性	系数 c	显著性
时空因素	沟通能力	0.279	***	0.844	***
时空因素	决策能力	0.259	***	0.709	***

注：***代表 p<0.001，**代表 p<0.01，*代表 p<0.05。

由表 6-66 可知，自变量时空因素与因变量沟通能力及决策能力之间的路径系数 c' 仍然呈现正向显著相关性，对比系数 c，系数大幅降低，因此可以得出结论，便利性因素在时空因素与沟通能力及决策能力之间起到部分中介作用，H9a 及 H9b 得到验证。

（3）便利性因素、沟通能力在时空因素与知识吸收能力之间的中介效应分析。时空因素及便利性并不直接对知识吸收能力产生影响，而是通过沟通能力的完全中介作用对知识吸收能力产生影响，便利性因素在时空因素与沟通能力的影响中起到部分中介作用。在时空因素影响知识吸收能力的路径中，便利性因素及沟通能力均具有中介效应，这构成了多重中介模型，下面具体分析便利性因素及沟通能力在时空因素与知识吸收能力之间的多重中介效应。

时空因素、便利性因素与沟通能力之间的关系，如图 6-21 及表 6-67所示。

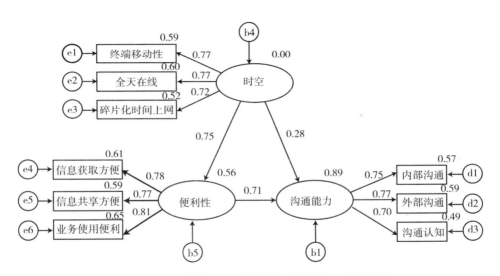

图 6-21　时空因素、便利性因素及沟通能力关系分析

表 6-67　时空因素、便利性因素及沟通能力路径系数

路径			Estimate	P
便利性因素	<--	时空因素	0.752	***
沟通能力	<--	时空因素	0.281	0.003 **
沟通能力	<--	便利性因素	0.714	***

注：＊＊＊代表 p<0.001，＊＊代表 p<0.01，＊代表 p<0.05。

由表 6-67 可知，单独分析时空因素、便利性因素及沟通能力，路径系

数均为显著，继续加入知识吸收能力作为因变量进行分析，结果如图 6-22
及表 6-68 所示。

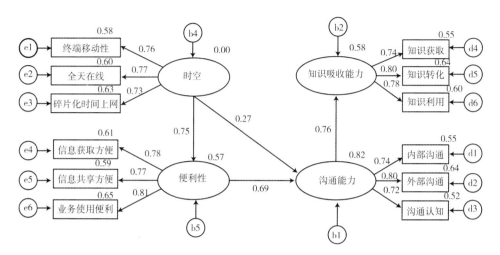

图 6-22　时空因素、便利性因素、沟通能力及知识吸收能力关系分析

表 6-68　考虑知识吸收能力路径系数对比

路径			Estimate	P	Estimate	P
便利性因素	<--	时空因素	0.752	＊＊＊	0.752	＊＊＊
沟通能力	<--	时空因素	0.281	0.003 ＊＊	0.268	0.005 ＊＊
沟通能力	<--	便利性因素	0.714	＊＊＊	0.687	＊＊＊
知识吸收能力	<--	沟通能力	—		0.764	＊＊＊

注：＊＊＊代表 p<0.001，＊＊代表 p<0.01，＊代表 p<0.05。

　　由表 6-68 可知，将知识吸收能力、沟通能力、时空因素及便利性因素
综合分析，各路径均显著，且考虑了知识吸收能力后，时空因素及便利性因
素对沟通能力之间的路径系数均有所下降，可以表明，便利性因素及沟通能
力在时空因素与知识吸收能力之间起到了多重中介的作用。因此，H9c 得到
验证，但便利性因素起到的并非单独的部分中介效果，而是与沟通能力共同
的多重中介的作用。

（4）初始模型分析总结。通过对初始模型的分析及各变量的相关关系进行检验，对本书所提出的假设情况将在假设检验的基础上对初始模型进行修正，并对修正模型与初始模型进行分析与比较。

3. 修正模型分析

依据假设的判别情况，我们对初始模型进行修正，修正模型如图 6-23 所示。

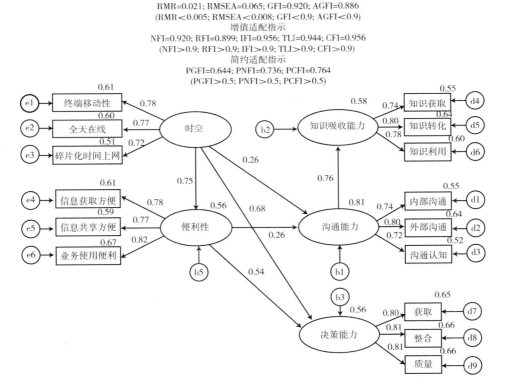

图 6-23　假设检验修正模型

修正模型批注如图 6-24 所示。

Notes for Model （Defult model）

Computation of degrees of freedom （Default model）

Number of distinct sample moments：120
Number of dstinct parameters to bestimated：36
Deg. rces of feedom （120-36）：84

Resu lt （Defamlt model）

Minimum was achieved
Chi-square＝177. 403
Degrees of freedom＝ 84
Probability level＝0. 000

图 6-24　修正模型批注

模型信息点 120 个，待估自有参数 36 个，DF 自由度为 84，模型运算后可收敛，卡方值降为 177.403。

查看外因潜在变量及观测变量与内因变量残差值的方差，如图 6-25 所示。

Variances：（Group number 1-Default model）

	Estimate	S. E.	C. R	P	Label
时空	0. 306	0. 045	6. 844	***	par_ 17
b5	0. 185	0. 033	5. 676	***	par_ 18
b1	0. 054	0. 014	3. 854	***	par_ 19
b2	0. 113	0. 021	5. 369	***	par_ 20
b3	0. 163	0. 026	6. 213	***	par_ 21
d1	0. 151	0. 016	9. 541	***	par_ 22
d2	0. 154	0. 018	8. 466	***	par_ 23
d3	0. 219	0. 023	9. 675	***	par_ 24
e3	0. 256	0. 028	9. 031	***	par_ 25

图 6-25　修正模型变量残差值截图

	Estimate	S. E.	C. R	P	Label
e2	0.208	0.025	8.162	***	par_ 26
e1	0.170	0.021	7.978	***	par_ 27
d7	0.131	0.016	8.091	***	par_ 28
d8	0.169	0.021	8.099	***	par_ 29
d9	0.196	0.025	7.978	***	par_ 30
d4	0.137	0.016	8.746	***	par_ 31
d5	0.129	0.017	7.580	***	par_ 32
d6	0.175	0.022	8.081	***	par_ 33
e6	0.209	0.026	8.089	***	par_ 34
e5	0.168	0.019	8.962	***	par_ 35
e4	0.172	0.020	8.794	***	par_ 36

图 6-25 修正模型变量残差值截图（续）

所有变量方差均达到 0.001 显著性水平，标准误（S.E.）估计值均很小，数值介于 0.014～0.045，表示无模型界定错误的问题，模型基本适配度良好。

模型计算后的路径系数如图 6-26 及图 6-27 所示。

Regression Weights：（Group number 1-Default model）

			Estimate	S. E.	C. R.	P	Label
便利性	<---	时空	0.884	0.095	9.346	***	par_ 15
沟通能力	<---	便利性	0.550	0.078	7.079	***	par_ 12
沟通能力	<---	时空	0.251	0.088	2.838	0.005	par_ 13
决策能力	<---	便利性	0.502	0.100	5.031	***	par_ 11
决策能力	<---	时空	0.288	0.118	2.441	0.015	par_ 14
知识吸收能力	<---	沟通能力	0.746	0.074	10.095	***	par_ 16
内部沟通	<---	沟通能力	0.810	0.066	12.331	***	par_ 1
外部沟通	<---	沟通能力	1.000				

图 6-26 修正模型非标准化路径系数表截图

			Estimate	S. E.	C. R.	P	Label
沟通认知	<---	沟通能力	0.935	0.078	12.052	***	par_ 2
碎片化时间上网	<---	时空	0.938	0.086	10.914	***	par_ 3
全天在线	<---	时空	1.000				
终端移动性	<---	时空	0.923	0.077	12.038	***	par_ 4
获取	<---	决策能力	0.804	0.060	13.393	***	par_ 5
整合	<---	决策能力	0.917	0.067	13.589	***	par_ 6
质量	<---	决策能力	1.000				
知识转化	<---	知识吸收能力	0.921	0.074	12.370	***	par_ 7
知识利用	<---	知识吸收能力	1.000				
业务使用便利	<---	便利性	1.000				
信息共享方便	<---	便利性	0.752	0.059	12.833	***	par_ 8
信息获取方便	<---	便利性	0.787	0.060	13.040	***	par_ 9
知识获取	<---	知识吸收能力	0.788	0.071	11.140	***	par_ 10

图 6-26 修正模型非标准化路径系数表截图 （续）

Standar dized Regression Weights：（Group number 1-Default model）

			Estimate
便利性	<---	时空	0.751
沟通能力	<---	便利性	0.682
沟通能力	<---	时空	0.264
决策能力	<---	便利性	0.536
决策能力	<---	时空	0.260
知识吸收能力	<---	沟通能力	0.760
内部沟通	<---	沟通能力	0.738
外部沟通	<---	沟通能力	0.801
沟通认知	<---	沟通能力	0.724
碎片化时间上网	<---	时空	0.716
全天在线	<---	时空	0.772
终端移动性	<---	时空	0.778
获取	<---	决策能力	0.805
整合	<---	决策能力	0.806

图 6-27 修正模型标准化路径系数表截图

			Estimate
质量	<---	决策能力	0.809
知识转化	<---	知识吸收能力	0.798
知识利用	<---	知识吸收能力	0.777
业务使用便利	<---	便利性	0.818
信息共享方便	<---	便利性	0.767
信息获取方便	<---	便利性	0.777
知识获取	<---	知识吸收能力	0.739

图 6-27　修正模型标准化路径系数表截图（续）

在修正模型中，所有路径系数 P 值均达到了 0.05 的显著性水平。继续对模型的基本适配度、整体适配度及内在适配度进行研究，基本适配度及内在适配度判别指标如表 6-69 所示，整体适配度判别标准如表 6-70 所示。

表 6-69　基本适配度及内在适配度判断标准

基本适配度判断		内在适配度判断	
判断指标	标准	判断指标	标准
误差变异量	为正值	组合信度	>0.7
因素负荷量	0.5~0.95	AVE	>0.5
标准误	无很大标准误	R^2	>0.5

资料来源：吴明隆（2009）。

表 6-70　整体适配度参考标准

	绝对适配指标				增值适配指标		
指标序号	1	2	3	4	5	6	7
适配指标	RMR	RMSEA	GFI	AGFI	NFI	RFI	IFI
适配标准	<0.05	<0.08	>0.9	>0.9	>0.9	>0.9	>0.9
	增值适配指标（续）		简约适配指标				
指标序号	8	9	10	11	12	13	14
适配指标	TLI	CFI	PGFI	PNFI	PCFI	CN	X^2/df
适配标准	>0.9	>0.9	>0.5	>0.5	>0.5	>200	<3

资料来源：吴明隆（2009）。

本模型经过计算后，相关适配度指标如下：

（1）基本适配度。在模型基本适配度指标中，误差变异量均为正值，各因素负荷量如图6-28所示。

Squared Multiple Correlations：（Group number 1-Default model）

	Estimate
便利性	0.563
沟通能力	0.806
知识吸收能力	0.577
决策能力	0.564
信息获取方便	0.604
信息共享方便	0.588
业务使用便利	0.670
知识利用	0.604
知识转化	0.636
知识获取	0.546
质量	0.655
整合	0.650
获取	0.647
终端移动性	0.605
全天在线	0.596
碎片化时间上网	0.512
沟通认知	0.524
外部沟通	0.642
内部沟通	0.545

图6-28 修正模型因素负荷量表截图

修正模型因素负载量介于 0.512~0.806，完全符合适配标准。

表 6-71　初始模型与修正模型基本适配度对比

基本适配度判断					
判断指标	标准	初始模型检测数据	是否符合	修正模型检测数据	是否符合
误差变异量	为正值	符合	符合	符合	是
因素负荷量	0.5~0.95	0.456~0.653	基本符合	0.512~0.806	符合
标准误	无很大标准误	0.57~0.8	符合	0.59~1.18	符合

资料来源：实证数据 Amos 22.0 分析结果。

如表 6-71 所示，对比修正模型与初始模型的基本适配度指标，从中可见修正因素负荷量经过修正后完全符合判别标准。

（2）内在适配度。初始模型与修正模型潜变量 R^2、组合信度及平均方差抽取值对比如表 6-72 所示。

表 6-72　修正模型与初始模型内在适配度表对比

潜变量	指标	标准化系数		$R^2>0.5$		组合信度		AVE>0.5	
		初始模型	修正模型	初始模型	修正模型	初始模型	修正模型	初始模型	修正模型
时空因素	终端移动性	0.77	0.778	0.59	0.61	0.8003	0.7997	0.573	0.5713
	全天在线	**0.807**	**0.772**	0.65	0.60				
	碎片化时间上网	0.689	0.716	0.47	0.51				
便利性	信息获取方便	**0.779**	**0.777**	0.61	0.60	0.8322	0.8305	0.6232	0.6204
	信息共享方便	**0.781**	**0.767**	0.61	0.59				
	业务使用便利	0.808	0.818	0.65	0.67				
沟通能力	内部沟通	0.691	0.738	0.48	0.54	0.7529	0.7988	0.5046	0.5701
	外部沟通	0.762	0.801	0.58	0.64				
	沟通认知	0.675	0.724	0.46	0.52				

续表

潜变量	指标	标准化系数		$R^2>0.5$		组合信度		AVE>0.5	
		初始模型	修正模型	初始模型	修正模型	初始模型	修正模型	初始模型	修正模型
知识吸收能力	知识获取	0.714	0.739	0.51	0.55	0.7924	0.8153	0.5602	0.5956
	知识转化	0.776	0.798	0.60	0.64				
	知识利用	0.754	0.777	0.57	0.60				
决策能力	决策信息获取	0.776	0.805	0.60	0.65	0.8211	0.8482	0.6063	0.6507
	决策信息整合	0.778	0.806	0.61	0.65				
	决策信息质量	0.782	0.809	0.61	0.65				

对比初始模型与修正模型的内在适配度表可以发现 R^2、组合信度及 AVE 均明显提升，标准化系数仅有 3 个指标有小幅度下降，因此，模型经过修正后，内在适配度明显提高。

（3）整体适配度。修正模型与初始模型整体适配度对比情况如表 6-73 所示。

表6-73 加入移动互联网便利性因素中介效应整体适配度对比

指标序号	适配指标	适配标准	初始模型	修正模型	适配判断
	绝对适配指标				
1	RMR 值	<0.05	0.09	0.021	是
2	RMSEA 值	<0.08	0.10	0.065	是
3	GFI 值	>0.9	0.88	0.920	是
4	AGFI 值	>0.9	0.83	0.886	基本满足
	增值适配指标				
5	NFI 值	>0.9	0.86	0.920	是
6	RFI 值	>0.9	0.83	0.899	基本满足
7	IFI 值	>0.9	0.90	0.956	是
8	TLI 值	>0.9	0.87	0.944	是
9	CFI 值	>0.9	0.90	0.956	是

指标序号	适配指标	适配标准	初始模型	修正模型	适配判断
	简约适配指标				
10	PGFI 值	>0.5	0.62	0.644	是
11	PNFI 值	>0.5	0.70	0.736	是
12	PCFI 值	>0.5	0.73	0.764	是
13	CN 值	>200	264	264	是
14	χ^2 自由度比	<3	3.53	2.112	是

由表 6-73 可见，整体适配度判别指标一共 14 项，对模型修正后，模型有 12 项指标完全达到判别标准，未达标的 AGFI 及 RFI 也非常接近适配标准，基本满足适配条件。对比初始模型，各判别指标均有了明显提升。

（四）实证分析小结

本节对最终问卷调查的结果进行了实证分析。总计回收有效问卷 264 份，首先对问卷进行了描述性统计分析，其次对构建的初始模型进行了分析与检验，通过数据分析，相关假设的检验结果汇总如表 6-74 所示。在此基础上对模型进行修正，得出最终模型，如图 6-29 所示。

表 6-74　假设检验结果汇总

编号	假设	假设结果	备注
H1	移动互联网时空因素直接正向影响管理沟通能力	支持	
H2	移动互联网的便利性直接正向影响管理沟通能力	支持	
H3	移动互联网时空因素直接正向影响企业决策能力	支持	
H4	移动互联网的便利性直接正向影响企业决策能力	支持	
H5	移动互联网的 LBS 特性直接正向影响企业决策能力	不支持	
H6	管理沟通能力正向影响知识吸收能力	支持	
H6a	管理沟通能力在时空因素与知识吸收能力的关系中起到中介作用	支持	完全中介，沟通能力同时具有抑制效应
H6b	管理沟通能力在便利性因素与知识吸收能力的关系中起到中介作用	支持	

编号	假设	假设结果	备注
H7	移动互联网的时空因素直接正向影响知识吸收能力	不支持	
H8	移动互联网的便利性因素直接正向影响知识吸收能力	不支持	
H9	移动互联网的便利性因素对时空因素作用于企业核心能力方面具有中介作用	—	
H9a	移动互联网的便利性因素在时空因素与企业管理沟通能力的关系中起中介作用	支持	部分中介
H9b	移动互联网的便利性因素在时空因素与企业决策能力的关系中起中介作用	支持	部分中介
H9c	移动互联网的便利性因素在时空因素与企业知识吸收能力的关系中起中介作用	支持	便利性因素与沟通能力共同起到多重中介效应

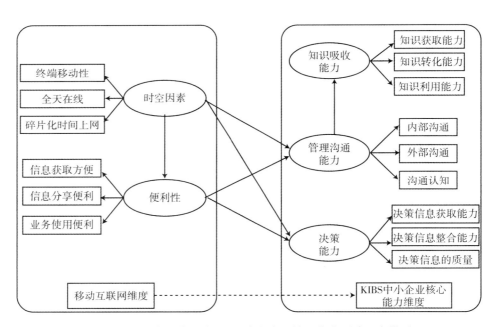

图6-29　移动互联网对KIBS中小企业核心能力影响因素模型

三、实证研究结果讨论

（一）移动互联网、管理沟通能力与知识吸收能力之间相关关系的讨论

通过文献回顾，目前没有直接涉及移动互联网的信息因素对 KIBS 企业知识吸收能力产生影响的相关研究，也没有相关的理论基础可以借鉴。但是从客观上看，由于移动互联网的使用，信息使用的时空因素及便利性因素均得到提升，从而对先验知识、知识的个体吸收能力、二手知识的获取能力产生正向影响，因此本书提出了 H7 及 H8。从实证分析的结果来看，移动互联网的时空因素及便利性因素均未对知识吸收能力产生直接影响，只是对管理沟通能力的完全中介作用产生了间接影响效果。此外，通过对沟通能力的中介效应分析中发现，系数 c' 与系数 a、b 的符号相反，从路径系数来看，路径系数为负值，按照 Cliff 和 Earleywine（1994）与 Tzelgov 和 Henik（1991）的观点，沟通能力在移动互联网的时空因素及便利性因素与知识吸收能力的关系中还体现出抑制效应。通过讨论分析，形成这些现象的原因主要有以下几点：

第一，从知识获取、知识转化和知识利用三个方面来分析，由于移动设备的固有属性限制，如移动设备适合阅读，但是不适合编辑；对于学术性，专业性知识的阅读支持不够，如注释、批注等不方便；不适合对知识、数据进行复杂的分析计算等。可见在目前阶段，移动设备还不能够完全替代桌面端电脑，移动设备仍然不能胜任生产力工具。这和移动设备的屏幕尺寸、输入方式等方面的限制有着必然的联系。因此，虽然移动互联网对知识吸收能

力具有正向的促进作用，但当加入管理沟通能力因素以后，KIBS 企业内的人员因为移动设备对知识吸收的不方便性，更倾向于不主动地直接从移动设备获取知识，而是希望通过与周围同事的交流来获取移动设备所带来的新知识。此外，如果能够通过与周围的同事交流获取移动设备带来的新知识，又会进一步让人不去主动地直接从移动设备进行知识的吸收，因此管理沟通能力在移动互联网与知识吸收能力的关系中表现出抑制效应。这样的现象应该随着技术的发展，特别是云计算、全息投影、VR 等技术的成熟发生改变，随着技术的进步，未来直接通过移动设备进行知识吸收的主动性会得到加强。

第二，从 KIBS 企业的角度及使用者的角度来分析，移动互联网及移动设备虽然已经成为工作中必不可少的工具，但是移动设备对于绝大多数人及企业的主要功能还是通信，企业的知识库、主要业务系统的系统架构仍然是基于传统的桌面互联网来建设及部署的，没有一套基于移动互联网的知识支持系统，仅仅依靠通用软件移动互联网对企业知识吸收能力的直接支持是不体现的。此外，由于移动设备主要作用在于通信，那么使用移动设备进行通信的同时，必然会影响使用者利用移动设备进行知识吸收的效率，因此，使用移动设备同时用于沟通及知识吸收，又没有一套完善的软件支持系统，沟通就体现出了对知识吸收的抑制效应。降低这样的抑制效应，则需要专门针对沟通与知识吸收的相互协调关系进行软件上的创新与研发。

（二）移动互联网包含 LBS 特性对企业决策能力影响不显著的讨论

企业在进行决策时，如果获取到的是各种图片、文字等信息，同时能够得到所获取信息用户的地理位置信息，会对企业的决策产生影响，因此提出假设移动互联网包含 LBS 特性会对企业决策能力产生正向影响。本书将企业决策能力的维度划分为获取决策信息的能力、决策信息整合及归纳的能力、决策信息的质量。

通过实证分析的结果可知,移动互联网的 LBS 特性正向影响企业决策能力的假设不成立。通过讨论分析,原假设不受支持的原因主要有以下几点:

第一,基于 LBS 的应用主要以导航、电子商务营销、社交网络应用等方面为主,虽然从被调查对象的样本特性可以看出,被调查对象均使用了移动互联网,但是对 LBS 应用的理解,应该只存在于目前已经广泛应用的领域。对于基于 LBS 支持的决策分析系统,还没有形象化的概念。

第二,已有的 App 对文本、图片、语音等包含 LBS 信息的支持较弱,Ios 系统的相册可以通过位置信息查看图片来源,Android 系统对此功能的支持较弱,对于文本和语音,很少有支持包含记录 LBS 信息的 App。因此,被调查对象 LBS 信息在决策信息方面的应用缺乏理解。

第三,LBS 信息涉及很多个人隐私问题,如使用者的活动轨迹、所在位置等,因此,对于包含 LBS 特性的管理信息系统的推广及应用存在一定难度。

介于以上几点的原因分析,本书对模型进行了修正,删除了 LBS 特性对企业管理决策能力影响的路径,得到了最终模型,但是本次研究形成的模型只能对目前阶段有效,未来可能会因为 LBS 特性在企业管理中应用的加强,LBS 特性对企业决策能力的影响又会变得显著。

(三) 关于移动互联网时空因素及便利性因素两个变量的讨论

从整体适配模型中我们看到,移动互联网时空因素的 3 个维度中,终端移动性、全天在线及碎片化时间上网的因素负荷量分别为 0.78、0.77、0.72。这表明在所调研的知识密集型服务业中小企业来看,在应用了移动互联网后,对于企业管理而言,终端设备的使用不受地点的限制、不受时间的约束是移动互联网最为重要的特点,这也是移动互联网与桌面互联网相比最大的优势。而碎片化时间上网的因素负荷量为 0.72,在最终整体适配模型中移动互联网的六个维度中因素负荷量最低,从而可以得知,使用了移动互联网后,企业管理者可以利用一些碎片化的时间获取信息,处理公务。对于企业管理而言，这虽然对于提升企业能力具有促进作用，但是与其他维度相比，移动互联网的这一特性对提升企业能力的贡献较少，这也符合从实际的管理现状，相较于零散的时间，企业管理者还是更倾向于利用相对集中的时间来处理公务。

在移动互联网便利性的 3 个维度中，信息获取方便、信息共享方便及业务使用便利的因素负荷量分别为 0.78、0.77、0.82。这表明所调研的知识密集型服务业中小企业的管理者最看中的还是业务使用的便利。应用了移动互联网后，采用手机、平板电脑等移动终端来处理公务，APP 的用户界面友好、操作简单、菜单层级少，使用触摸、语音等操作方式相较于传统的 PC 管理界面的鼠标键盘操作更受到企业管理者的欢迎。信息获取方便与信息共享便利两个维度的因素负荷量也达到了 0.78 及 0.77，表明对于企业管理者而言，采用拍照、语言等方式来记录及获取信息，比用传统的文字方式记录更受欢迎，而且在企业内部、外部关联企业、政府管理部门之间方便快捷地分享相关信息也是企业管理者非常重视的提升企业能力的手段。

通过实证研究我们看到，在移动互联网的六大特性中对于提升企业能力而言，最重要的还是业务使用的便利性，这也是企业管理者最为看重的特点。终端移动性、全天在线的特性、信息获取方便与共享便利四个特性的重要程度基本一致。碎片化时间上网相比其他特点，对提升企业能力的贡献较弱。

（四）移动互联网对管理沟通能力影响的讨论

从企业管理沟通能力的分析中可以看出，企业管理沟通能力体现在沟通的三个方面，即内部沟通、外部沟通及沟通认知。而管理沟通包含了七个环节，移动互联网的应用可以影响到其中的四个环节，即信息编码、媒介、译码和反馈。同时，还会影响沟通氛围与沟通环境。基于大量学者对企业管理沟通能力的研究，本书提出了 H1 及 H2，认为移动互联网会正向影响企业的管理沟通能力。

通过实证研究的数据分析可以看到，时空因素对管理沟通能力的路径系数为 0.26、便利性对管理沟通能力的路径系数为 0.68，表明移动互联网对企业管理沟通能力产生正向影响的效果显著。特别是移动互联网的便利性特征，对企业管理沟通能力影响的路径系数达到了 0.68，表明移动互联网的应用会对企业内部沟通、外部沟通及沟通认知均产生积极的正面影响。移动互联网引入后对信息编码产生了本质的影响，将传统的语言、书面文字等方式的编码扩展为通过摄像头拍照、录音录像等多种更加直观的方式；同时，沟通媒介也产生了极大变化，渠道和载体都更加丰富与方便。在译码方面变得更加直观、容易理解；在反馈方面，沟通客体与主体之间交流变得不受时间、空间限制，其他环节得到正向提升，反馈必将得到正向的提升。沟通环节上的提升与改进必将影响管理沟通能力的三个方面，即内部沟通、外部沟通与沟通认知。实证研究结果与理论分析一致，因此，移动互联网的应用将提升企业的管理沟通能力。

进一步分析时空因素及便利性因素的路径系数差异，时空因素路径系数为 0.26，小于便利性因素的 0.68，便利性的路径系数远大于时空因素的路径系数，时空因素维度包括终端移动性、全天在线及碎片化时间，而便利性维度包括信息获取、共享与业务使用便利。从路径系数差异可以看出，通过实证研究表明，信息的获取、共享与业务使用便利对于沟通环节的影响更为重要。结合理论上的分析，便利性对信息编码、媒介、译码与反馈四个环节的影响是直接产生作用的，而终端的移动性、全天在线，碎片化时间上网更多地直接影响沟通的外部环境与沟通氛围，对沟通的影响是间接效应。这样的直接效应与间接效应也能通过引入便利性的中介效应得到实质研究的进一步证实。

（五）移动互联网对企业决策能力影响的讨论

企业的决策能力体现在决策信息和经验的基础上，决策的可靠性取决于信息的可靠性和可利用性。加大可利用的信息量可以减少决策的风险。信息越充分，决策环境的不确定性越小，决策方案的选择也就越可靠。Gigerenzer

和 Goldstein（1996）提出，在特定情况下进行决策判断时，相关知识多并不代表对决策一定有利，大量的冗余信息会干扰有用信息的筛选和整合。基于学者对企业决策能力的研究，本书提出 H3 及 H4，实证研究的检验结果表明，均通过验证。时空因素对决策能力的路径系数为 0.26，移动互联网便利性对决策能力的路径系数为 0.54。这说明移动互联网应用后，企业决策信息的获取、整合及决策信息的质量都会得到提高，企业的决策能力也相应地得到了加强。而时空因素对决策能力影响的路径系数小于移动互联网便利性对决策能力影响的路径系数，说明了信息的获取、分享的便利及基于移动互联网的管理信息系统、决策支持系统对企业决策的影响更大，这也与郁朝阳（2006）、李湘露（2006）、刘敏（2007）等学者指出的企业决策支持系统的关键因素是信息数据的真实、实时、丰富及较快的响应时间相一致。

（六）便利性在时空因素与企业核心能力关系中起到中介作用的讨论

通过对便利性因素在时空因素与企业核心能力关系中起到的中介效应分析可以发现，移动互联网的时空因素虽然可以直接正向影响企业核心能力，但是其直接影响效果并没有通过便利性因素的中介效应产生的间接影响的效果强。

通过前文分析，便利性因素在时空因素与管理沟通能力、决策能力的关系中起到了部分中介的效果，同时，还与管理沟通能力一起对知识吸收能力具有多重中介的效应。分析可知，系数 c' 与 c 对比大幅度降低，而时空因素与便利性因素之间的路径系数达到了 0.75，远大于时空因素与沟通能力、决策能力之间的路径系数，也大于便利性与沟通能力及决策能力之间的路径系数。这说明时空因素对企业核心能力的影响更多的还是要通过便利性进行传导。

移动互联网并不直接对知识吸收能力产生影响，而对于移动互联网的时空因素对知识吸收能力产生影响的传导路径，主要有两条：一是时空因素通过沟通能力间接地正向影响知识吸收能力，时空因素对沟通能力的路径系数为 0.26；二是时空因素通过便利性、沟通能力的多重中介效应间接地正向影响知识吸收能，时空因素到便利性因素的路径系数为 0.75，便利性因素到沟通能力的路径系数为 0.68，因此，第二条路径的总效应系数为 0.51。对比两条路径，路径二的影响效果更明显，说明时空因素对知识吸收能力的影响更多通过便利性来实现。

对于便利性因素在时空因素与管理沟通能力关系中的作用，通过实证分析可以发现，移动互联网与传统桌面互联网相比，沟通不再受时间、空间上的限制，这就改善了沟通的外部环境与沟通氛围，因此，时空因素直接正向影响了企业的管理沟通能力。但同时，直接作用于沟通环节的还是信息因素，这些信息因素体现在信息获取、共享的方便与沟通相关业务的使用便利，移动互联网时空因素带来的优势有很大一部分是通过移动互联网的便利性来间接地对企业管理沟通能力产生正向影响，从路径系数来看，时空因素通过便利性因素对企业管理沟通能力产生间接影响的效果强于直接影响的效果。

而对于企业决策能力，移动互联网使用不受时间、地点限制，利用碎片化时间进行企业管理，这些优势都对企业决策能力的提升带来直接正向影响效果，但是从路径系数来看，更多的还是通过信息获取的方便、分享的便利与业务使用的方便来实现的。这与实际观察到的现象及其他学者的研究结论相一致，企业在进行决策时，关键是对决策信息的把控，决策信息的时间、地点因素最终还是以能够高效、方便快捷地把控决策信息来体现的。

第七章　结论与展望

一、研究结论

（一）探明了移动互联网对企业能力产生影响的关键因素

近年来，移动互联网高速发展，已经普及应用到社会的各方面，但是审视现有文献，在管理学领域对移动互联网的研究还主要集中在商业模式等方面，针对移动互联网对企业管理如何产生影响的研究比较缺乏，移动互联网对企业管理产生影响的作用机理和传导路径与传统的桌面互联网相比有什么异同，移动互联网对企业管理产生影响的维度及特性是什么尚缺乏研究定论。本书通过文献回顾归纳总结出移动互联网与传统桌面互联网相比较所具备的12个特征，在此基础上，进一步深入研究，继续探索哪些特征会对企业管理尤其是企业能力产生影响，通过专家访谈及问卷调查，利用探索性因子分析，探明了移动互联网对企业能力产生影响的关键维度为移动互联网的时空因素、便利性因素及包含 LBS 特性。进一步通过大样本的实证数据分析发现，移动互联网的 LBS 特性对企业能力产生影响的效果不显著。从而得出本书的第一个研究结论：移动互联网对企业能力产生影响的关键因素是时空因素及便利性因素，其中，时空因素包含终端移动性、全天在线及利用碎片化时间三个特性，便利性因素包含信息获取方便、信息共享方便及业务使用便利三个特性。业务使用便利是企业最为重视的特征，而终端移动性、全天在线的特性与信息获取方便、共享便利四个特征对企业能力影响程度基本相同，利用碎片化时间在六个特性中对企业能力的影响最弱。

此外，移动互联网的便利性因素在时空因素对企业核心能力产生影响的关系中有很强的部分中介作用效应，说明移动互联网的时空因素对企业核心能力产生的影响更多的是通过便利性因素来产生作用。

（二）研究出移动互联网对知识密集型企业核心能力产生影响的路径机理

在探明移动互联网对企业核心能力产生影响维度及特性的基础上，通过本书所构建的理论模型及实证分析的结果表明，移动互联网对知识密集型企业能力产生影响的路径机理如下：

通过文献回顾，知识密集型服务业中小企业受移动互联网影响的核心能力为管理沟通能力、决策能力及知识吸收能力。移动互联网能够正向影响知识密集型服务业企业的管理沟通能力、决策能力及知识吸收能力。其中，能够直接正向影响企业管理沟通能力及决策能力，并通过正向影响企业管理沟通能力间接地提升企业的知识吸收能力。

移动互联网对企业核心能力产生影响的维度包括时空因素及便利性因素。时空因素包括终端移动性、全天在线及可以利用碎片化时间上网三个特征；便利性因素包括信息获取方便、信息共享方便及业务使用便利三个特征。

移动互联网的时空因素及便利性因素均能够直接正向影响知识密集型服务业中小企业的管理沟通能力及决策能力，但是便利性因素的影响效果更为明显。移动互联网的时空因素对企业管理沟通能力及决策能力的影响更多通过便利性因素的中介作用。时空因素对知识吸收能力的影响，需要便利性因素及管理沟通能力进行多重中介。

移动互联网对企业能力产生影响的路径模型如图 7-1 所示。

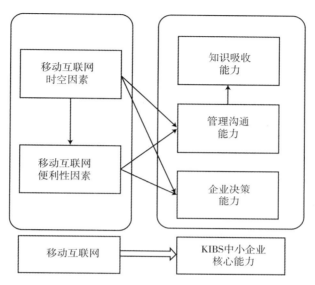

图 7-1　移动互联网对企业能力产生影响的路径模型

二、本研究的主要贡献

（一）理论贡献

从管理学视角比较移动互联网与桌面互联网的异同，通过探索性因子分析方法界定出移动互联网与桌面界定移动互联网相比，对企业能力及企业管理产生影响的主要因素为时空因素、便利性因素及包含 LBS 特性，其中时空因素包含终端移动性、全天在线特性及利用碎片化时间三个特性，便利性因素包含信息获取方便、信息共享方便及业务使用便利三个特性。移动互联网主要特征的界定对移动互联网背景下进行企业管理的相关研究做出理论贡献。

在移动互联网环境下，KIBS 企业受外部信息因素影响的企业核心能力为管理沟通能力、决策能力及知识吸收能力。

移动互联网的时空因素、便利性因素会对 KIBS 企业核心能力产生正向影响，但是包含 LBS 特性对 KIBS 企业核心能力影响不显著。

移动互联网的时空因素及便利性因素会对 KIBS 企业管理沟通能力及决策能力产生直接正向影响，通过管理沟通能力对知识吸收能力产生间接的正向影响。此外，便利性因素在时空因素对 KIBS 企业核心能力的影响中起到了中介作用。

构建了移动互联网对 KIBS 企业核心能力影响模型，进一步明确移动互联网环境下知识密集型服务业中小企业能力提升的途径、影响因素，找到移动互联网对中小企业能力提升的传导机制，本书的研究思路、研究方法及构建的指标体系丰富了移动互联网背景下企业能力提升相关研究的理论支撑。

（二）实践贡献

1. 对知识密集型服务业中小企业的贡献

从知识密集型服务业中小企业角度来看，找到了移动互联网环境下企业能力提升的途径、规律，对企业为适应外部环境而自我变革、提升企业能力有积极的推动作用，也为中小企业进行信息化建设提供参考依据。对 KIBS 企业的主要贡献有如下几个方面：

第一，在当前的移动互联网环境下，KIBS 企业需要依靠移动互联网的新技术提升自身企业的核心能力，从而获得并保持竞争优势。

第二，KIBS 企业的管理沟通能力受移动互联网的影响最大，因此，企业应当利用移动互联网的新技术加强自身的管理沟通能力，主要包括利用移动互联网的新技术加强企业内部纵向及横向的沟通效率，与外部客户、服务外包提供商之间建立实时高效的沟通渠道。同时，利用图片、语音、视频等手段提高沟通的认知程度。

第三，由于管理沟通能力完全调节了移动互联网对企业的知识吸收能力的影响，因此，KIBS 企业在加强自身管理沟通能力的同时，也能够间接提升知识吸收能力。

第四，移动互联网能够对 KIBS 企业的决策能力产生直接的正向影响，因此企业要充分利用移动互联网的新技术来加强自身的决策能力才能保持竞争优势。企业在建立移动管理信息系统时应当充分考虑决策支持建设需求，利用移动互联网的时空因素及便利性因素来提升企业决策信息获取、整合的效率及提升决策信息的质量。

2. 对 IT 企业的贡献

从 IT 企业的角度来看，移动互联网对中小企业能力提升的传导机制，对 IT 企业研发基于移动互联网的管理信息系统提供了系统架构设计、工作流程设计等方面的理论参考依据。对 IT 企业的贡献主要有以下几个方面：

第一，移动互联网的应用对 KIBS 企业提升企业核心能力具有正向促进作用，因此，IT 企业应当重视移动管理信息系统的开发与建设。

第二，移动互联网的时空因素与便利性因素相比较，便利性因素对提升 KIBS 企业核心能力的影响效果更明显和更直接，且具有中介时空因素影响的作用。因此，IT 企业在开发移动管理信息系统时，应当重视系统的便利性研发。在开发移动功能的同时，需要重点考虑相应的功能应当如何让用户体验及使用企业简单方便。

第三，LBS 特性在目前阶段对 KIBS 企业决策能力提升的影响并不明显，并且由于隐私泄露的风险，用户可能会对 LBS 功能产生抵触情绪。IT 企业在开发移动管理信息系统时，应当重视 LBS 功能对隐私保护的开发。否则可能会对系统的推广产生负面影响。

第四，移动互联网对 KIBS 企业的知识吸收能力需要通过管理沟通能力的中介作用才能产生间接影响，沟通能力还对知识吸收能力具有抑制效应。因此，IT 企业在开发 KIBS 企业的移动管理信息系统时，需要开发单独的知识支持系统，该系统在功能上要充分利用移动互联网对沟通能力提升带来的优势，又需要尽量避免因为通过系统进行交流、通信对知识吸收带来的抑制效果。此外，对于知识支持系统的开发在功能上要加强操作的便利性，如方便用户对文档进行批注、摘抄及阅读等。

三、研究局限和未来研究展望

我们秉承严谨的学术态度及科学的逻辑进行研究。但是，由于个人能力、社会资源及时间的不足，研究存在着一些局限，但是这也是未来相关研究中应该拓展和改进的地方。

（一）研究的局限性

1. 调查样本的局限性

由于个人的社会资源及时间上的限制，同时本次调研的问卷调查需要面向被调研者进行详细解释，因此，没有开展网络调查，导致调查样本存在一定的局限性，主要体现在以下几个方面：

（1）调查样本的地域性。调查样本地理分布上主要来自云南，没有涵盖国内其他省市。由于没有足够数量的其他地区数据，不能够以知识密集型服务业发展水平作为调节变量来进行研究。

（2）调查样本具体行业分布。调查样本的具体行业分布上虽然涵盖了知识密集型服务业的12大行业，但是其中的科研服务、翻译服务及文化交流服务类企业样本数量均较低，而咨询服务、信息技术服务、生产技术服务、工程设计服务等行业样本数量较高，由于不同行业样本数据的限制，也不能以行业类别为调节变量展开研究。

2. 企业能力维度研究的局限性

各国学者对企业能力的研究具有多个派别及多种层次，本书的研究视角为从知识密集型服务业的核心业务过程出发，分析受信息因素影响最大的管理沟通能力、知识吸收能力及决策能力三种核心能力。就其他类型的企业而言，仅研究这三大能力对于全面提升企业的核心竞争力还不够全面，同时，移动互联网对企业能力的影响对于其他类型的企业而言，也不仅仅限于这三类企业能力。因此，对于将研究结论推广到其他类型的企业还存在一定的局限性，这也是笔者下一步需要继续开展的研究方向。

3. 研究时点的局限性

本书研究的时点在中国移动互联网的大范围应用刚刚开始的阶段，虽然从调查结果来看，被调查者及被调查企业员工使用移动互联网的比例均接近90%，但是移动互联网的应用层次绝大多数还仅限于日常应用，移动互联网还没有在企业管理信息系统领域大范围应用，真正使用了基于移动互联网管理信息系统的企业数量有限，因此，只能是一次预测性的探索性研究。同时，中国基于移动互联网的管理信息系统普及程度在逐渐加快，仅仅选择一个时点的调研数据对理论模型进行验证存在一定的局限性，未来的模型构建需要随着基于移动互联网的管理信息系统的不断普及，选择不同时点的调研数据采用纵贯法进行研究才能较为精确地对理论模型进行实证验证。

（二）未来研究展望

本书的研究虽然在理论及实践上均对移动互联网对企业管理产生的影响做出了一定的贡献，但是限于研究局限性，基于研究成果，未来还将在以下方面进一步展开深入的研究。

1. 移动互联网维度的研究

移动互联网是一个高速发展的新兴产业，不断有新技术、新应用产生。本书将移动互联网对企业管理产生影响的维度划分为时空因素及便利性因素，一共研究了移动互联网的六大特征。同时，采用实证的方法验证了移动互联网的 LBS 特性对企业决策能力的影响效果不明显。随着 2019 年 5G 网络建设，移动互联网技术及应用程度的不断发展及深入，相关的维度、特征还会发生变化。本书的研究思路及研究方法对进一步开展移动互联网维度的研究具有借鉴及参考作用，未来可以利用本书的研究成果、思路及方法对移动互联网对企业管理产生的影响进一步深入地研究与探索。

2. 对本书构建模型的进一步研究

本书构建了移动互联网对 KIBS 企业核心能力影响模型，但还有进一步完善及改进的研究空间，主要有如下几个方面：

（1）产业发展程度、地域、行业细分作为调节变量的研究。由于个人社会网络资源及时间上的限制，实证调研没有针对知识密集型服务业产业发展程度、地域及行业细分获取到足够的调研数据，未以这三个因素作为调节变量开展研究。如能将这三个因素作为调节变量，构建模型将更加完善与精确，未来将这三个因素加入到模型中，会存在一定的研究发展空间。

（2）采用纵贯法对构建的模型进一步深入研究。移动互联网作为一项新兴的信息技术，处在快速的发展变化中，如能够随着移动互联网的不断发展，利用本书的模型及研究方法获取不同时点的数据、研究变量的变化趋势及相互关系，将能够进一步提高模型的精确度，同时，也能够对移动互联网对企业能力产生影响的趋势进行预测。

（3）开展企业能力维度其他因素的研究。在企业能力维度方面的研究针对知识密集型服务业中小企业展开，知识密集型服务业业务开展的核心因素为信息流，核心竞争力为知识，以知识密集型服务业为研究对象开展研究具有典型性，对于移动互联网对企业能力影响因素的模型构建及实证研究也较容易展开，未来可借鉴本书构建的模型、研究方法及思路，对企业能力维度进一步展开，以此为基础研究其他类型企业在移动互联网背景下企业能力的变化趋势。

参考文献

［1］柴雪芳．国外移动互联网的发展及对国内运营商的启示［J］．移动通信，2010（6）：9-13.

［2］陈昌勇．基于移动互联网的大学生网络使用行为实证研究［J］．皖西学院学报，2016，32（1）：113-116.

［3］陈葵晞，张一纯．基于结构方程建模（SEM）的企业能力评价［J］．产业与科技论坛，2008，7（5）：105-106.

［4］陈亮．企业内部沟通与组织重构实证研究——以桂林西软集团为例［J］．中南大学学报（社会科学版），2005，11（5）：640-645.

［5］陈艳艳．知识吸收能力对企业技术能力的影响研究［D］．中南大学博士论文，2009.

［6］陈艳艳，颜红桂．知识密集型服务业企业网络位置、组织学习与企业能力的关系研究［J］．科技管理研究，2013（19）：106-110.

［7］陈耀年．企业能力的系统分析［J］．系统工程，2003，21（6）：36-40.

［8］陈韵．云计算环境下的中小企业管理信息系统构建［J］．信息与电脑（理论版），2016（14）：37-38.

［9］崔佳颖．组织的管理沟通研究［D］．首都经济贸易大学博士论文，2006.

［10］戴德宝."互联网+"时代网络个性化推荐采纳意愿影响因素研究［J］．中国软科学，2015（8）：163-172.

［11］戴德宝，刘蕾．基于 AMOS 技术的"微博群"非正式学习模式研究［J］．开放教育研究，2013，19（6）：108-116.

［12］邓朝华．移动服务用户采纳模型及其实证研究［D］．华中科技大学博士论文，2008.

［13］邓丽芳．组织沟通对成员工作压力的影响：质、量结合的实证分析［J］．管理世界，2008（1）：105-114.

［14］丁东平．浅谈互联网时代的企业管理创新［J］．财经界（学术版），2015（3）：108-109.

［15］杜纲，姚长佳，王军平．企业能力的关键维度及分析模型［J］．天津大学学报（社会科学版），2002，4（2）：105-109.

［16］杜纲，姚长佳，王义兴．企业能力的关键维度及其指标体系［J］．数量经济技术经济研究，2001（11）：63-65.

［17］段霄．企业移动互联应用的强度与宽度影响因素研究［J］．管理现代化，2015（5）：80-82.

［18］方杰，温忠麟等．基于结构方程模型的多重中介效应分析［J］．心理科学，2014，37（3）：735-741.

［19］谷奇峰，丁慧平．企业能力理论研究综述［J］．北京交通大学学报（社会科学版），2009，8（1）：17-22.

［20］郭鸿雁．移动互联网演进趋势——基于 GM（1，1）模型的实证研究［J］．经济问题探索，2014（2）：44-47.

［21］郭新强．管理决策的选择性预期有效性研究［D］．南京师范大学博士论文，2013.

［22］郭忠蕊．移动互联网时代企业信息化风险管理［J］．商情，2014（9）：244-245.

［23］韩红蕾．现代企业管理沟通体系的构建与完善［J］．云南社会主义学院学报，2014（4）：366-366.

［24］康洁．移动互联网背景下企业移动信息化发展的实践与思考［J］.

中国传媒科技，2013（12）：61-65.

[25] Kenneth C. Laudon. 管理信息系统（原书第 13 版）[M]. 北京：机械工业出版社，2015.

[26] 李宝东. 结构方程模型在组织认同研究中的应用 [M]. 北京：经济管理出版社，2014.

[27] 李迪. 信息管理系统在企业应用过程中的问题及对策研究 [J]. 现代工业经济和信息化，2016（14）：79-80，82.

[28] 李红. 知识密集型服务业特征剖析 [J]. 情报杂志，2005（8）：101-103.

[29] 李怀祖. 管理研究方法论 [M]. 西安：西安交通大学出版社，2004.

[30] 李嘉嘉. 移动互联网技术发展现状及趋势 [J]. 通讯世界，2017，2（5）：32-33.

[31] 李进兵. 互联网与管理沟通的变化 [J]. 中国人力资源开发，2005（5）：43-45.

[32] 李西壶，李垣. 外包中的知识管理——浅析中国企业如何通过外包提高创新能力 [J]. 科学学与科学技术管理，2008（2）：128-132.

[33] 李湘露. 信息化建设企业决策支持系统 [J]. 经营管理，2006（12）：94-95.

[34] 李毅. 知识型员工在企业内沟通状况的实证研究 [J]. 经济师，2005（9）：55-56.

[35] 李正飞. 论互联网+时代企业管理模式的创新和发展 [J]. 中外企业家，2016（23）：88-89.

[36] 李志. 企业家创新决策能力现状的实证研究 [J]. 重庆大学学报（社会科学版），2009，15（1）：43-47.

[37] 廖卫红. 移动电子商务互动营销及应用模式 [J]. 企业经济，2012（3）：67-71.

[38] 廖卫红. 移动互联网环境下互动营销策略对消费者行为影响实证

研究［J］. 企业经济，2013（3）：69-73.

［39］林汉川. 中国中小企业发展报告 2015［M］. 北京：北京大学出版社，2015.

［40］林嵩. 结构方程模型原理及 AMOS 应用［M］. 武汉：华中师范大学出版社，2008.

［41］刘喜怀，葛玉辉，赵丙艳. TMT 团队过程、团队自反性对决策绩效的影响［J］. 管理评论，2016，28（1）：130-140.

［42］刘晓鹏. 论企业管理沟通中存在的问题及其应对策略［J］. 商业时代，2009（5）：89-91.

［43］刘也琪. 管理信息系统对企业战略的影响研究——以美国联邦快递（Fedex Corporation）为例［J］. 东北电力大学学报（社会科学版），2009（3）：12-15.

［44］刘永宏. 移动互联时代企业管理的挑战与变革［J］. 财经界（学术版），2014（15）：139.

［45］卢静. 知识型服务业科学管理模式与创新研究［D］. 天津大学博士论文，2007.

［46］鲁兴启. 互联网与企业管理创新［J］. 中国软科学，2002（4）：92-95.

［47］吕玲. 企业管理沟通体系构建［J］. 湖南税务高等专科学校学报，2013，26（133）：49-51.

［48］吕廷杰. 移动互联网与移动电子商务的研发与应用［J］. 电信建设，2001（2）：10-23.

［49］马琳. 互联网时代的企业管理创新［J］. 中国管理信息化，2015（22）：85-86.

［50］苗成林，冯俊文，孙丽艳，马蕾. 基于协同理论和自组织理论的企业能力系统演化模型［J］. 南京理工大学学报，2013，37（1）：192-198.

［51］倪得兵. 柔性的价值及其对企业决策的影响［D］. 电子科技大学

博士论文，2006.

[52] 钱小军. 关于沟通满意度以及影响的因子分析和实证研究 [J]. 管理评论，2005，17（6）：30-34.

[53] 邱明锋. 企业决策信息的获取与赢利模式创新管理探索 [J]. 商业现代化，2013（1）：116-117.

[54] 任英华，王婷婷，熊建练. 知识密集型服务业发展的影响因素——基于空间面板数据模型 [J]. 技术经济，2013，32（3）：46-50.

[55] 宋占新. 组织内部管理沟通的障碍及消除 [J]. 领导科学，2015（16）：25-27.

[56] 汪丽，茅宁等. 管理者决策偏好、环境不确定性与创新强度——基于中国企业的实证研究 [J]. 科学学研究，2012，30（7）：1101-1118.

[57] 王恒山. 管理信息系统 [M]. 北京：机械工业出版社，2015.

[58] 王娟娟. 企业组织结构与绩效实证分析 [J]. 西安石油大学学报（社会科学版），2008（4）：44-48.

[59] 王力. 移动互联网思维 [M]. 北京：清华大学出版社，2015.

[60] 王丽，茅宁，龙静. 管理者决策偏好、环境不确定性与创新强度 [J]. 科学学研究，2012，30（7）：1101-1118.

[61] 王敏. 基于结构方程模型的团队沟通对任务绩效影响的研究 [J]. 人力资源管理，2014（7）：77-78.

[62] 王铁男. 组织学习能力对战略柔性影响作用的实证研究 [J]. 中国软科学，2009（4）：164-174.

[63] 王铁男，陈涛，贾榕霞. 组织学习、战略柔性对企业绩效影响的实证研究 [J]. 管理科学学报，2010，13（7）：42-59.

[64] 吴化民，吕廷杰. 移动互联网环境下营销资产绩效转化机制研究 [J]. 北京邮电大学学报（社会科学版），2014，16（1）：51-59.

[65] 吴倩倩. 国内外知识密集型服务外包研究述评 [J]. 技术经济，2011，30（6）：39-45.

［66］吴瑞林．基于结构方程模型的测验分析方法［M］．北京：北京大学出版社，2013.

［67］吴艳，陈跃刚．我国知识服务业发展评价的实证研究［J］．科技管理研究，2010（23）：54-58.

［68］吴正刚，韩玉启，周业铮．企业能力指数测评模型研究［J］．运筹与管理，2004，13（1）：145-149.

［69］伍海平，程永新．现代流通企业管理模式的量化测评［J］．商业时代，2012（20）：108-110.

［70］温忠麟，侯杰泰，张雷．调节效应与中介效应的比较与应用［J］．心理学报，2005，37（2）：268-274.

［71］温忠麟，叶宝娟．中介效应分析：方法和模型发展［J］．心理科学进展，2014，22（5）：731-745.

［72］武常岐．中国移动互联网市场结构现状与发展态势分析［J］．产业经济，2015（5）：1-3.

［73］肖静华，谢康，吴瑶，廖雪华．从面相合作伙伴到面相消费者的供应链转型——电商企业供应链双案例研究［J］．管理世界，2015（4）：137-154.

［74］肖明．管理哲学［M］．桂林：广西师范大学出版社，1992.

［75］肖征荣．管理无边界——移动互联网时代的业务创新与企业变革［J］．清华管理评论，2012（5）：66-70.

［76］谢荷锋，娄芳芳，彭华训．领导风格、沟通能力与管理知识资源跨企业转移［J］．商业研究，2015（1）：132-143.

［77］谢荷锋，娄芳芳，彭华训，郭敏．领导权威、沟通能力与管理知识资源转移的关系——基于高管流动的 ERP 模拟实验检验［J］．南华大学学报（社会科学版），2015，16（1）：57-63.

［78］熊励．知识密集型服务业协同创新系统模型及运行机制研究［J］．科技进步与对策，2011，18（28）：56-59.

［79］徐少春．移动互联网为企业注入新动力［J］．企业管理，2014（10）：8-9．

［80］杨国梁．管理信息系统对企业竞争战略的支持［J］．天津职业院校联合学报，2010（3）：150-153．

［81］杨海兰，段茹．西方企业能力分类的新理论框架［J］．东岳论丛，2015，36（4）：144-148．

［82］杨立邦．权变视角下的互联网时代企业管理创新［J］．中国商论，2016（7）：48-50．

［83］杨水清，鲁耀武，曹玉枝．使用情景对移动互联网用户采纳行为影响的实证研究［J］．情报杂志，2012，31（10）：182-188．

［84］姚飞飞．互联网+背景下中小企业管理模式创新研究［J］．商业现代化，2016（8）：107-108．

［85］郁朝阳．信息获取处理对复杂管理决策的影响研究［J］．人类功效学，2006，13（3）：21-27．

［86］翟丽丽．基于自组织理论的高技术虚拟企业管理模式研究［D］．哈尔滨理工大学博士论文，2009．

［87］张宝贵，刘东．企业能力：理论与实证研究文献综述［J］．经济评论，2006（6）：147-151．

［88］张德茗．科技型中小企业潜在知识吸收能力和实现知识吸收能力与企业创新绩效的关系研究［J］．研究与发展管理，2011，23（3）：56-67．

［89］张光磊，刘善仕．企业能力与组织结构对自主创新的影响——基于中国国有企业的实证研究［J］．管理学报，2012，9（3）：408-414．

［90］张楠楠．移动互联网技术的研究及其在校园学习互动平台中的应用［J］．教学与教育信息化，2015（17）：184-185．

［91］张淑华．企业管理者沟通能力结构与测量研究［D］．华东师范大学博士论文，2003．

［92］张笑楠，仲秋雁，买生．企业能力与企业竞争力动态关系研究

[J].科技进步与对策，2011，28（17）：72-76.

［93］张亚翠.陕西省知识密集型服务业发展影响因素研究［J］.中国经贸导刊，2011（11）：81-82.

［94］张志杰，吕延杰.移动 LBS 用户接受模型的实证研究［J］.北京邮电大学学报，2012，14（1）：56-61.

［95］赵丽，乔东.企业价值观与企业管理模式［J］.商业研究，2004（13）：38-39.

［96］赵明霏.知识密集型服务业的概念、特征及其对我国的启示［J］.未来与发展，2013（1）：100-106.

［97］赵明霏.知识密集型服务业发展研究［D］.南开大学博士论文，2013.

［98］甄晓非.知识密集型服务业影响因素研究［J］.科技进步与对策，2013，30（7）：53-56.

［99］郑博文.信息管理系统在企业应用过程中的问题及对策研究［J］.商场现代化，2015（11）：64-65.

［100］中国电子信息产业发展研究院.2014—2015 年中国中小企业发展蓝皮书［M］.北京：人民出版社，2015.

［101］中国工业和信息化部电信研究院.2014 年移动互联网白皮书［M］.工业和信息化部电信研究院，2014.

［102］中国互联网中心.中国移动互联网发展状况报告［J］.中国互联网中心，2013.

［103］中国互联网络信息中心（CNNIC）.第 35 次中国互联网络发展状况统计报告.2016，Http：//www.cnnic.net.cn/hlwfzyj/hlwxzbg/201502/P020150203551802054676.pdf.

［104］中国互联网络信息中心（CNNIC）.第 36 次中国互联网络发展状况统计报告.2016，Http：//www.cnnic.net.cn/hlwfzyj/hlwxzbg/hlwtjbg/201507/P020150723549500667087.pdf.

［105］中国互联网络信息中心（CNNIC）．第 37 次中国互联网络发展状况 统 计 报 告 ．2017，http：//www. cnnic. net. cn/hlwfzyj/hlwxzbg/201601/P020160122469130059846. pdf.

［106］钟尉．企业能力表象及操作框架分析［J］．科技管理研究，2010（3）：151-153.

［107］周晓红．探索性因子分析与验证性因子分析异同比较［J］．科技和产业，2008，8（9）：69-71.

［108］周学军．基于移动互联网的协同型绩效评价系统研究员工绩效层面［D］．江西财经大学博士论文，2014.

［109］周学军．基于移动互联网的绩效评价体系协同效应研究［J］．管理世界，2015（3）：182-183.

［110］邹炎，王涛，任荣．企业能力体系的动态演化分析［J］．华东经济管理，2010，24（11）：95-98.

［111］Andres Maroto & Luis Rubalcaba. Services Productivity Revisited. The Service Industries Journal，2008，28（3）：337-353.

［112］Aljabre A. Cloud Computing for Increased Business Value. International Journal of Business and Social Science，2012，3（1）：234-239.

［113］Christina，W. Y.，Kee-hung，L. Cheng，T. C. & Venus，Y. H. The Role of IT - Enabled Collaborative Decision Making in Inter - organizational Information Integration to Improve Customer Service Performance. International Journal of Production Economics，2014（159）：56-65.

［114］Cliff N & Earleywine M. All Predictors are "Mediators" Unless the Other Predictor is a "Suppressor". Unpublished Manuscript，University of Sauthern California. 1994.

［115］Cohen W M & Levinthal D A. Absorptive Capacity：A New Perspective on Learning and Innovation. Admintrative Science Quarterly，1990，35（1）：128-152.

［116］Cooke, P. & Piccaluga, A. Regional Development in the Knowledge Economy, London: Routledge. 2006.

［117］Demirkan H, et al. Coordination Strategies in a SAAS Supply Chain. Journal of Management Information Systems, 2010, 26 (4): 119-143.

［118］Durkee D. Why Cloud Computing will Never be Free. Comimmications of the ACM, 2010, 53 (5): 62-69.

［119］Fei Lu. Research on Enterprise Marketing Capability Measure Method Based on Fuzzy Multi-attribute Analysis Model. International Journal of U- and Eservice Science and Technology, 2014, 7 (6): 327-336.

［120］Jansen. Managing Potential and Realized Absorptive Capacity: How do Organizational Antecedents Matter. Academy of Management, 2005 (48): 999-1015.

［121］Jane Mckenzie. Developing Organisational Decision-Making Capability: A Knowledge Manager's Guide. Journal of Knowledge Management, 2011, 35 (3): 403-421.

［122］Jantunen, A. Knowledge-processing Capabilities and Innovative Performance: An Empirical Study. European Journal of Innovation Management, 2005, 8 (3): 336-349.

［123］John Huffman & Lawrence E. Aligning Enterprise Analytics to Business Process Capability Maturity. IFAC-papersonline, 2015, 48 (3): 2220-2225.

［124］Kane, S. K, Kkarlson, A. K, & Meyers, B. R, et al. Exploring Cross-device Web Use on Pcs and Mobile Devices. IFIP Tc 13 International Conference on Human-computer Interaction: Part I . Berlin: Springer, 2009: 722-735.

［125］Kim, L. Crisis Construction and Organizational Learning: Capability Building in Catching-up at Hyundai Motor. Organisation Science, 1998 (9): 506-521.

［126］Koch, A & Stahlecker, T. Regional Innovation Systems and the Foundation of Knowledge Intensive Business Services. A Comparative Study in Bremen, Munich, and Stuttgart. European Planning Studies, 2006, 14 (2): 123-146.

［127］ Richard, S. & David, D. Knowledge－Intensive Business Services (KIBS) Use and User Innovation: High－Order Services, Geographic Hierarchies and Internet Use in Quebec's Manufacturing Sector. Regional Studies, 2015, 10 (49): 1654－1671.

［128］ Richard Tee & Annabelle Gawer. Industry Architecture as a Determinant of Successful Platform Trategies: A Case Study of the I－Mode Mobile Internet Service. European Management Review, 2009 (6): 217－232.

［129］ Rodrigo, V. D & Tatiana, M. M. Linkage Between Dynamics Capability and Knowledge Management Factors: A Structural Equation Model. Management Decision, 2017, 10 (55): 2256－2276.

［130］ Tzelgov, J. & Henik, A. Suppression Situations in Psychological Research: Definitions, Implications, and Applications. Psychological Bulletin, 1991 (109): 524－536.

［131］ Lee, S. Mobile Internet Services from Consumers' Perspectives. International Journal of Human－Computerinteraction, 2009, 25 (5): 390－413.

［132］ Lee, H, Park H & Kim, J. Why do People Share Their Context Information on Social Network Services? A Qualitative Study and an Experimental Study on Users' Behavior of Balancing Perceived Benefit and Ris. International Journal of Human－Computer Studies, 2013, 71 (9): 862－877.

［133］ Miles, I. Knowledge－Intensive Business Services: Users, Carriers and Sources of Innovation (European Innovation Monitoring System (EIMS) Reports). Brussels, Belgium: European Commission. 1995.

［134］ Miles, I. "Innovation in Services". The Oxford Handbook of Innovation. Oxford: Oxford University Press, 2005: 433－458.

［135］ Muller, E. and Zenker, A. Business Services as Actors of Knowledge Transformation: The Role of KIBS in Regional and National Innovation Systems, Research Policy, 2001 (30): 1501－1516.

［136］Mackinnon，D. P. Introduction to Statistical Mediation Analysis. New York：Taylor & Francls Group 2008.

［137］Marko，K. & Jukka，P. Co-Creating Value from Knowledge-Intensive Business Services in Manufacturing Firms：The Moderating Role of Relationship Learning in Supplier － Customer Interactions. Journal of Business Research，2016，7（69）：2498-2506.

［138］Minhee，C & Jinwoo，K. What's so Different about the Mobile Internet. Communications of the ACM，2003，46（12）：240-247.

［139］Nieto，M & Quevedo，P. Absorptive Capacity，Technological Opportunity，Knowledge Spillovers and Innovative Effort. Technovation，2005，25（10）：1141-1157.

［140］Nicolas，R. Knowledge Management Impacts on Decision Making Process. Journal of Knowledge Management，2004，8（1）：20-31.

［141］Peteraf，M. Stefano，D. G. & Verona，G. The Elephant in the Room of Dynamic Capabilities：Bringing Two Diverging Conversations Together. Strategic Management Journal，2013，34（12）：1389-1410.

［142］Pina，K. & Tether，B. Towards Understanding Variety in Knowledge Intensive Business Services by Distinguishing Their Knowledge Bases，Research Policy，2016（45）：401-413.

［143］Sergiovanni，T. J & Starratt，R. J. Supervision：Aredefinition（7th Edition）. Boston：Mcgraw-Hill. 2001.

［144］Liao，S. H.，Wu，C. C. & Hu，D. C. et al . Relationships Between Knowledge Acquisition，Absorptive Capacity and Innovation Capability：An Empirical Study on Taiwan's Financial and Manufacturing Industries. Journal of Information Science，2010，1（36）：19-35.

［145］Teng，J. T. C & Calhoun，K. J. Organizational Computing as Afacilitator of Operational and Managemential Decision Making：An Exploratory Study of

Managers Perceptions. Decision Sciences, 1996, 27 (4): 673-710.

［146］ Zhao L, Lu, Y & Gupta, S. Disclosure Intention of Location-Related Information in Location - Based Social Network Services. International Journal of Electronic Commerce, 2012, 16 (4): 53-89.

附录1 移动互联网对企业管理影响因素调查问卷

第一部分

以下是对您个人背景信息的描述，请您根据个人情况，在相应选项上打"√"。

1. 性别：A. 男　B. 女

2. 请问您的年龄阶段：

A. 30 岁以下　B. 30~40 岁　　C. 40~50 岁　　D. 50 岁以上

3. 请问您的学历：

A. 本科　　B. 硕士　C. 博士

4. 请问您的职称：

A. 初级职称　B. 中级职称　C. 副高级职称　D. 高级职称　E. 无

5. 请问您的研究方向（多选）：

A. 信息技术　B. 经济管理方向　C. 企业管理人员

6. 您在使用智能终端上网吗？

A. 是　B. 否

第二部分

本部分的主要目的是确定移动互联网的哪些特征会对企业管理产生影响，请根据您的实际经验在相应选项上打"√"。

请根据以下标准，在您认可的选项数字上打"√"。

1—非常同意　2—同意　3—不确定　4—不同意　5—非常不同意

序号	移动互联网特征	回答选项				
1	终端移动性会对企业管理能力产生影响	1	2	3	4	5
2	全天"在线"的特性会对企业管理能力产生影响	1	2	3	4	5
3	提供基于位置的服务会对企业管理能力产生影响	1	2	3	4	5
4	利用碎片化时间上网可以对企业管理能力产生影响	1	2	3	4	5
5	信息获取方便会对企业管理能力产生影响	1	2	3	4	5
6	信息获取及时会对企业管理能力产生影响	1	2	3	4	5
7	相关业务使用便利会对企业管理能力产生影响	1	2	3	4	5
8	用户之间互动的便利性会对企业管理能力产生影响	1	2	3	4	5
9	用户进行信息分享的便利性会对企业管理能力产生影响	1	2	3	4	5
10	使用者年轻化会对企业管理能力产生影响	1	2	3	4	5
11	用户的普及性会对企业管理能力产生影响	1	2	3	4	5
12	涉及到用户的个人隐私问题会对企业管理能力产生影响	1	2	3	4	5

移动互联网除以上特性对企业管理有影响外，如果您认为移动互联网还有哪些特性会对企业管理能力产生影响或者以上提供的选项有什么问题，请帮助完善。

附录 2 移动互联网对 KIBS 企业核心能力影响的调查问卷

对问卷的几点说明：

1. 请企业的高层管理人员填写此调查问卷。

2. 第一部分，我们用一些语句描述了移动互联网及企业管理的某些方面的情况，请您根据你企业（单位）的具体情况，来选择您认为在企业管理过程中相关描述的重要程度，并在相应的表格里打"√"。右边刻度上的数字表示：1. 非常重要；2. 重要；3. 一般重要；4. 关系不大；5. 没有关系。比如，对"访问网络的设备应可以移动，不受地点的限制"这样的表述，您认为与企业管理关系不大，按照以上规则，选择 4，并在 4 的表格里打"√"。

	1	2	3	4	5
访问网络的设备应可以移动，不受地点的限制				√	

再如，对"从多重渠道获取决策信息"这样的表述，您认为和企业管理没有什么关系，按照以上规则，选择 5，并在 5 的表格里打"√"。

	1	2	3	4	5
从多重渠道获取决策信息					√

请注意：选择某一项没有绝对的标准，完全取决于您的主观判断。

3. 第二部分为您及您的企业（单位）的基本情况，请在具体的选项上打"√"。

第一部分　移动互联网与企业管理模式情况调查

	具体问题	1	2	3	4	5
		非常重要—重要—没有关系				
1	访问网络的设备应可以移动，不受地点的限制					
2	除了在办公室和家以外，在其他场合也可以访问网络					
3	访问网络的设备可以全天24小时在线					
4	在非工作时间可以接收工作信息					
5	终端设备能够提供使用者的位置信息					
6	随时掌握员工在什么地方					
7	获取到的图片、音视频信息中包含地理位置信息					
8	利用各种碎片时间访问网络					
9	利用固定的整块时间来学习、阅读、获取信息					
10	零碎时间处理工作信息					
11	工作中方便快捷地获取视频、语音、文字等信息					
12	工作中与文字记录相比，采用拍照、录音等方式来获取信息					
13	用拍照、录音等方式对工作信息进行记录					
14	工作中能够将获取到的信息方便地分享给团队					
15	工作中能够与关联企业方便地共享相关信息					
16	工作中能够与相关政府部门方便地共享相关信息					
17	企业管理信息系统的用户界面友好，操作简单					
18	管理信息系统采用触屏、手势识别、语音等操作方式					
19	管理信息系统直观，菜单层级少					
20	企业内部上下级之间具有有效的双向沟通机制					
21	企业内部相关人员能够无保留地彼此分享重要信息					
22	企业内部团队成员之间能够很好地互相告知完成任务所需的相关信息					

	具体问题	1	2	3	4	5
		非常重要—重要—没有关系				
23	企业内部应具有良好的沟通氛围					
24	采用非正式及私人性沟通的方式进行交流					
25	与关联企业间具有双向沟通机制					
26	与关联企业无保留地与对方分享重要信息					
27	淡化企业外部边界，与客户、外包服务商融为一体的交流					
28	如果企业有业务需要进行服务外包，与外包服务商之间的有效沟通					
29	进行内部、外部沟通过程中能够准确地理解彼此发出的信息					
30	进行内部、外部沟通过程中保障所传递信息的准确性					
31	与传统的文本交流相比，采用音视频等多媒体信息来进行沟通					
32	经常与相关客户接触，以了解客户的需要					
33	经常去高等院校、科研院所等机构收集相关的信息					
34	了解同行业竞争对手的技术发展情况					
35	指派专人定期收集相关领域的专业信息					
36	定期召开经验分享会，对相关领域的专业知识进行交流					
37	建立一个知识共享平台，让员工随时可以掌握了解相关领域的专业知识					
38	员工能够简单有效地分享各种学习资料，交流经验					
39	员工间主动分享实践经验和信息的氛围					
40	公司建立一个存储各类工作相关信息的数据库					
41	在现有产品的基础上改进推出新产品					
42	将研发人员的报酬与其对创新做出的贡献程度相关联					
43	利用获取到的新技术推出新产品					
44	根据客户的需求，组织人员研发新产品					
45	决策时获取尽量多的相关信息					
46	能够方便快捷地获取到与决策相关的信息					

		1	2	3	4	5
	具体问题	非常重要—重要—没有关系				
47	从多重渠道获取决策信息					
48	各类决策信息进行相互校验					
49	高效地对决策信息进行筛选					
50	利用有效的工具对决策信息进行整合及归纳					
51	决策团队进行决策时，能够获取到与决策关系密切的数据					
52	决策团队进行决策时，所获取决策信息的真实性					
53	决策团队制定决策方案时，深入搜寻有关信息					
54	决策团队制定决策方案时，应排除不相关的无效信息					

第二部分　企业（单位）及个人基本情况

1. 您使用手机上网吗？（请在选项上打"√"）

□经常使用　　□偶尔使用　　□不使用

2. 您企业（单位）使用手机上网的人数比例（请在选项上打"√"）

□基本没人用　　□少部分使用　　□大部分使用　　□不清楚

3. 贵企业（单位）的员工人数（请在选项上打"√"）

□10 人以下　　□11～50 人　　□51～100 人　　□100 人以上

4. 贵企业（单位）的成立年限（请在选项上打"√"）

□1 年以下　　□1～5 年　　□6～10 年　　□10 年以上

5. 贵企业（单位）所处的行业（请在选项上打"√"）

□咨询服务（包括商务、管理咨询、市场调查、民意测试等）

□财会服务（包括会计、审计、审核、税收等）

□知识产权服务（包括商标、专利、著作权、版权等业务的代理、咨

询、检索、转让、评估、鉴定、申请等)

　　□信息技术服务（包括通信、硬件咨询及软件开发服务等)

　　□金融服务（金融、报销、银行、证券等)

　　□生产技术服务　　□工程设计服务　　□法律服务

　　□翻译服务　　□教育行业　　□科研服务　　□文化交流

　　□其他（请注明)_____